rororo

Woody Allen, geboren 1935 in NY, begann seine Karriere als Gagschreiber für verschiedene Fersehkomiker. Er schrieb Satiren für den ***New Yorker*** und den ***Playboy***, Stücke für den Broadway und Dehbücher. 1969 inszenierte er seinen ersten Film ***Woody – der Unglücksrabe***. Seither folgten fast im Jahresrhythmus weitere Filme, mit denen sich Allen einen Platz unter den wichtigsten Regisseuren unserer Zeit sicherte. Woody Allen lebt und arbeitet in Manhattan.

«Kein Buch hat je einen Lacher pro Zeile, aber Woody Allen ist nahe dran.» ***(Daily Telegraph)***

Woody Allen

Das Beste von Allen

Deutsch von Benjamin Schwarz

Rowohlt Taschenbuch Verlag

Die amerikanischen Originalausgaben erschienen unter den Titeln ***Getting Even***, ***Without Feathers*** und ***Side Effects***.
Die deutschen Erstausgaben erschienen unter den Titeln ***Wie du dir, so ich mir***, ***Ohne Leit kein Freud*** und ***Nebenwirkungen*** bei Rogner & Co. Verlags KG, München, in Zusammenarbeit mit Random House Inc., New York

Die vorliegende Auswahl von Erzählungen ist dem Band ***Alles von Allen (rororo 23437)*** entnommen.

Veröffentlicht im Rowohlt Taschenbuch Verlag,
Reinbek bei Hamburg, November 2007

Umschlaggestaltung any.way, Barbara Hanke/Cordula Schmidt
(Abbildung: Hulton-Deutsch Collection/CORBIS)
Druck und Bindung Clausen & Bosse, Leck
Printed in Germany
ISBN 978 3 499 24636 4

Inhalt

Meine Philosophie

Die Entstehung meiner Philosophie ging folgendermaßen vor sich: Als meine Frau mich von ihrem ersten Soufflé kosten lassen wollte, ließ sie aus Versehen einen Löffel voll auf meinen Fuß fallen, was mir mehrere kleine Knochen brach. Ärzte wurden zugezogen, Röntgenaufnahmen gemacht und gesichtet, und ich musste einen Monat fest im Bett liegen. Während meiner Genesung wandte ich mich den Werken einiger der bedeutendsten Denker der abendländischen Gesellschaft zu – ein Stapel Bücher, den ich extra für so eine Gelegenheit beiseite getan hatte. Ohne auf die chronologische Ordnung zu achten, fing ich mit Kierkegaard und Sartre an und ging dann schnell zu Spinoza, Hume, Kafka und Camus über. Das langweilte mich gar nicht so, wie ich gedacht hatte; im Gegenteil, ich war fasziniert von der Munterkeit, mit der diese großen Geister entschlossen der Moral, Kunst, Ethik, dem Leben und dem Tode zu Leibe rückten. Ich erinnere mich an meine Reaktion auf eine der typischen glänzenden Erkenntnisse Kierkegaards: «Eine solche Beziehung, die sich selbst auf das eigene Selbst bezieht (das heißt, ein Selbst), muss sich entweder selbst entwickelt haben oder von einem anderen entwickelt worden sein.» Diese Einsicht trieb mir die Tränen in die Augen. Mein Gott, dachte ich, so gescheit müsste man sein! (Ich bin jemand, der Mühe hat, zwei vernünftige Sätze zum Thema «Ein Tag im Zoo» zu schreiben.) Gewiss, diese Passage war mir absolut unverständlich, aber was sagte das, solange Kierkegaard Spaß daran gehabt hatte. Plötzlich überzeugt davon, dass die Metaphysik genau das wäre, was ich schon immer hätte tun sollen, nahm ich meinen Federhalter und fing sofort an, meine eigenen Betrachtungen zu notieren. Die Arbeit ging flott voran, und in nur zwei Nachmittagen – die Zeit für das Nickerchen und die Versuche, dem Bär die beiden kleinen Kügelchen in die Augen kullern zu lassen, nicht gerechnet – hatte ich das philosophische Werk vollendet, das, hoffe ich, bis nach meinem Tode oder bis zum Jahre 3000 (egal, was zuerst eintrifft) nicht veröffentlicht wird, und von dem ich in aller Bescheidenheit glaube, dass es mir einen Ehrenplatz unter den bedeutendsten Denkern der Geschichte sichern wird. Hier nun nur eine kleine Kostprobe aus der Masse geistiger Kostbarkeiten, die ich für die Nachwelt aufbewahre, oder so lange, bis die Putzfrau kommt.

I. Die Kritik des Reinen Schreckens

Bei der Darlegung jeder Philosophie muss die erste Überlegung immer die sein: Was können wir erkennen? Das heißt, wovon können wir sicher sein, dass wir es kennen, oder sicher sein, dass wir wissen, wir kannten es, wenn es überhaupt wirklich erkennbar ist. Oder haben wir es bloß einfach vergessen und sind zu verlegen, irgendwas zu sagen? Descartes wies auf das Problem hin, als er schrieb: «Mein Geist kann niemals meinen Körper erkennen, obgleich er mit meinen Beinen auf ziemlich freundschaftlichem Fuße steht.» Mit «erkennbar» meine ich nebenbei nicht, was durch die Wahrnehmung der Sinne erkannt oder vom Geist erfasst werden kann, sondern eher das, wovon man sagen könnte, dass es bekannt ist oder Kenntnis oder Erkenntnis

besitzt oder wenigstens etwas ist, was man einem Freund mitteilen kann.
Können wir das Universum wirklich «kennen»? Mein Gott, es ist doch schon schwierig genug, sich in Chinatown zurechtzufinden. Der springende Punkt ist doch: Gibt es da draußen irgendwas? Und warum? Und muss man so einen Lärm darum machen? Schließlich kann es keinen Zweifel darüber geben, dass das einzig Charakteristische der «Wirklichkeit» ihr Mangel an Substanz ist. Das soll nicht heißen, dass sie keine Substanz besitzt, sie fehlt ihr bloß. (Die Wirklichkeit, von der ich hier spreche, ist dieselbe, die Hobbes beschrieb, nur ein bisschen kleiner.) Darum könnte das Diktum Descartes': «Ich denke, also bin ich» besser mit «Guck mal, da geht Edna mit einem Saxophon» ausgedrückt werden. Um also ein Wesen oder eine Idee zu erkennen, müssen wir sie anzweifeln, um auf diese Weise, durch das Zweifeln nämlich, dahin zu kommen, die Qualitäten, die sie in ihrer Begrenztheit besitzen, zu verstehen, und die genau «im Ding an sich» oder «aus dem Ding an sich» oder aus etwas oder nichts bestehen. Wenn das begriffen worden ist, können wir die Erkenntnislehre für einen Augenblick verlassen.

II. Die eschatologische Dialektik als Mittel gegen die Gürtelrose

Wir können sagen, dass das Universum aus einem Stoff besteht, und diesen Stoff wollen wir «Atome» nennen, sonst nennen wir ihn eben «Monaden». Demokrit nannte ihn Atome, Leibniz nannte ihn Monaden. Glücklicherweise sind diese beiden Männer einander nie begegnet, sonst hätte es sicher sehr törichte Streitereien gegeben. Diese «Partikel» wurden durch irgendeine Ursache oder ein Grundprinzip in Bewegung gesetzt, vielleicht fiel auch bloß irgendwas irgendwohin. Der springende Punkt ist, dass es jetzt zu spät ist, in dieser Angelegenheit noch etwas zu unternehmen, außer möglicherweise viel rohen Fisch zu essen. Das erklärt selbstverständlich nicht, warum die Seele unsterblich ist. Noch sagt es irgendetwas über ein Leben nach dem Tode aus, oder über das Gefühl meines Onkels Sender, von Albanern verfolgt zu werden. Der Kausalzusammenhang zwischen dem Grundprinzip (d. h. Gott oder einem heftigen Wind) und jedem teleologischen Begriff des Seins (Das Sein) ist Pascal zufolge «so lächerlich, dass er nicht einmal komisch ist» (Das Komische). Schopenhauer nannte dies den «Willen», aber sein Arzt diagnostizierte es als Heuschnupfen. In seinen späteren Jahren wurde er darüber verbittert, oder noch wahrscheinlicher über seinen wachsenden Verdacht, er sei nicht Mozart.

III. Der Kosmos für fünf Dollar pro Tag

Was also heißt «schön»? Die Verschmelzung der Harmonie mit dem Geraden oder die Verschmelzung der Harmonie mit etwas, was gerade so klingt wie «das Gerade»? Möglicherweise hätte die Harmonie mit «dem Gerede» verschmolzen werden sollen, und das ist es nun, was uns solche Scherereien macht. Die Wahrheit freilich ist die Schönheit – oder «das Notwendige». Das heißt, was gut ist oder die Qualitäten des «Guten» besitzt, läuft auf die «Wahrheit» hinaus. Wenn es das nicht tut, kann man wetten, dass die Sache nicht schön ist, obgleich sie dennoch wasserdicht sein kann. Ich fange an zu glauben, dass ich von Anfang an Recht hatte und dass alles mit dem Gerede hätte verschmolzen werden sollen. Na gut.

Zwei Parabeln

Ein Mann nähert sich einem Palast. Der einzige Eingang wird von ein paar grimmigen Teutonen bewacht, die nur Leute namens Julius reinlassen wollen. Der Mann versucht, die Wachen zu bestechen, indem er ihnen anbietet, sie ein Jahr lang mit den delikatesten Brathähnchen-Spezialitäten zu versorgen. Sie weisen sein Angebot weder zurück, noch nehmen sie es an, sie fassen ihn bloß bei der Nase und drehen sie, bis sie wie ein Korkenzieher aussieht. Der Mann sagt, es sei dringend notwendig, dass er in den Palast hineinkäme, weil er dem Kaiser frische Unterwäsche bringe. Als die Wachen das weiter ablehnen, beginnt der Mann, Charleston zu tanzen. Sie scheinen Spaß an seinem Getanze zu haben, verlieren aber bald die Laune wegen der schlechten Behandlung der Navajos durch die Bundesregierung. Außer Atem bricht der Mann zusammen. Er stirbt, ohne jemals den Kaiser gesehen zu haben, und mit sechzig Dollar Schulden bei Steinway für ein Klavier, das er im August von ihnen gemietet hatte.

Man übergibt mir eine Botschaft, die ich einem General überbringen soll. Ich reite und reite, aber das Hauptquartier des Generals scheint sich weiter und weiter zu entfernen. Schließlich springt ein riesenhafter Panther auf mich und verschlingt mein Herz und meinen Verstand. Das vermurkst mir vollkommen den schönen Abend. Wie sehr ich mich auch bemühe, den General kriege ich nicht zu fassen; ich sehe ihn in der Ferne in seinen Unterhosen herumrennen und seinen Feinden das Wort «Muskatnuss» zuflüstern.

Aphorismen

Es ist unmöglich, unvoreingenommen seinen eigenen Tod zu erleben und ruhig weiterzusingen.

Das Universum ist bloß eine flüchtige Idee im Geiste Gottes – ein ziemlich unbehaglicher Gedanke, besonders, wenn man gerade die Anzahlung für ein Haus geleistet hat.

Das ewige Nichts ist okay, wenn man entsprechend gekleidet ist.

Wenn doch Dionysos noch lebte! Wo würde er essen?

Es gibt nicht nur keinen Gott, sondern versuch mal, am Wochenende einen Klempner zu kriegen.

Wenn die Impressionisten Zahnärzte gewesen wären

(Ein Phantasiestück zur Erhellung von Gemütsveränderungen)

Lieber Theo,

wird das Leben mich niemals anständig behandeln? Ich gehe an Verzweiflung zugrunde! Es hämmert in meinem Kopf! Frau Sol Schwimmer verklagt mich, weil ich ihre Brücke ganz nach meinem Gefühl und nicht zu ihrem lächerlichen Munde passend gemacht habe. Das stimmt! Ich kann nicht auf Bestellung arbeiten wie ein normaler Handwerker! Ich hatte beschlossen, ihre Brücke solle kolossal und brandend sein, mit wilden, streitsüchtigen Zähnen, die wie Feuer in alle Richtungen züngeln! Jetzt ist sie völlig fassungslos, weil sie nicht in ihren Mund passt! Sie ist so bürgerlich und dumm, ich möchte sie am liebsten in tausend Stücke hauen! Ich versuchte, ihr die falschen Zähne in den Mund zu pressen, aber sie stehen ihr heraus wie ein venezianischer Kronleuchter. Ich finde sie trotzdem schön. Sie behauptet, sie kann nicht kauen! Was kümmert es mich, ob sie kauen kann oder nicht! Theo, ich kann so nicht mehr weiter! Ich fragte Cézanne, ob er mit mir zusammen eine Praxis betreiben wolle, aber er ist alt und gebrechlich und außerstande, die Instrumente zu halten, und sie müssen ihm an den Handgelenken festgebunden werden, aber außerdem arbeitet er nicht sorgfältig, und einmal in einem Mund, ruiniert er mehr Zähne, als er rettet. Was ist zu tun?

Vincent

Lieber Theo,

ich machte diese Woche ein paar Röntgenbilder, die mir gut schienen. Degas sah sie und war skeptisch. Er sagte, die Komposition sei schlecht. Alle Löcher würden sich in der Ecke links unten zusammendrängen. Ich erklärte ihm, so sähe Frau Slotkins Mund nun einmal aus, aber er wollte nicht hören. Er sagte, er hasse Einfassungen, und Mahagoni sei zu schwer. Als er wegging, riss ich sie in Fetzen! Als wäre das noch nicht genug gewesen, machte ich mich bei Frau Wilma Zardis an eine Wurzelbehandlung, aber halbwegs fertig, verließ mich der Mut. Mir wurde plötzlich klar, dass eine Wurzelbehandlung nicht das ist, was ich machen will! Mir wurde eng und schwindlig. Ich lief aus der Praxis ins Freie, wo ich atmen konnte! Ich war mehrere Tage nicht bei Sinnen und kam am Meer wieder zu mir. Als ich zurückkam, saß sie immer noch auf dem Stuhl. Ich vollendete den Mund ohne große Lust, brachte es aber nicht über mich, ihn zu signieren.

Vincent

Lieber Theo,

schon wieder bin ich mit Geld in Not. Ich weiß, welche Last ich für dich sein muss, aber an wen kann ich mich denn sonst wenden? Ich brauche Geld für Material! Ich arbeite jetzt fast ausschließlich mit Zahnseide, wobei ich während der Arbeit improvisiere, und die Ergebnisse sind aufregend. Gott! Ich habe nicht mal mehr einen Pfennig für Novocain! Heute zog ich einen Zahn und musste den Patienten damit betäuben, dass ich ihm etwas Dreiser vorlas. Hilf mir!

Vincent

Lieber Theo,

habe beschlossen, die Praxis mit Gauguin zu teilen. Er ist ein ausgezeichneter Zahnarzt, der auf Brücken spezialisiert ist, und er scheint mich zu mögen. Er hat mir große Komplimente wegen meiner Arbeit an Herrn Jay Grünglas gemacht. Wenn du dich erinnerst, ich füllte ihm links unten sieben, dann gefiel mir die Füllung nicht, und ich versuchte, sie ihm wieder herauszunehmen. Grünglas war unnachgiebig, und wir gingen vor Gericht. Es bestand die Rechtsfrage um das Eigentum, und auf Anraten meines Anwalts klagte ich geschickt auf den ganzen Zahn und gab mich mit der Füllung zufrieden. Nun, jemand sah sie in meiner Praxis in der Ecke liegen und will sie in einer Ausstellung zeigen! Man spricht bereits von einer Retrospektive!

Vincent

Lieber Theo,

ich glaube, es war ein Fehler, die Praxis mit Gauguin zu teilen. Er ist ein kranker Mensch. Er trinkt in großen Mengen Zahnweiß. Als ich ihn beschuldigte, geriet er in Wut und riss mein Zahnarzt-Diplom von der Wand. In einem ruhigeren Augenblick schlug ich ihm vor, es mit dem Plombieren im Freien zu versuchen, und wir arbeiteten auf einer Wiese, umgeben von Grün und Gold. Er setzte Fräulein Angela Tonnato eine Krone ein, und ich machte Herrn Louis Kaufmann zur selben Zeit eine Füllung. Da arbeiteten wir also zusammen unter freiem Himmel! Reihen blendend weißer Zähne im Sonnenlicht! Dann kam ein Wind auf und blies Herrn Kaufmann das Toupet ins Gebüsch. Er stürzte ihm nach und riss Gauguins Instrumente um. Gauguin gab mir die Schuld und versuchte, mir einen Hieb zu versetzen, erwischte aber irrtümlich Herrn Kaufmann, worauf der sich auf den Schnellbohrer setzte. Herr Kaufmann ging wie eine Rakete im Steilflug an mir vorbei und nahm Fräulein Tonnato mit auf die Reise. Der Schluss, Theo, ist, dass Rifkin, Rifkin, Rifkin & Meltzer meine Einnahmen mit Beschlag belegt haben. Schick mir, was du kannst.

Vincent

Lieber Theo,

Toulouse-Lautrec ist doch der beklagenswerteste Mensch auf Erden. Er sehnt sich mehr als nach sonst was danach, ein großer Zahnarzt zu sein, und er hat wirkliche Begabung, aber ist zu klein, um an den Mund seiner Patienten zu reichen, und zu stolz, sich auf irgendwas zu stellen. Die Arme über den Kopf gereckt, tastet er blindlings an ihren Lippen herum, und gestern hat er Frau Fistelton statt auf die Zähne eine Krone auf das Kinn gesetzt. Inzwischen weigert sich mein alter Freund Monet, an etwas anderem als sehr, sehr großen Mündern zu arbeiten, und Seurat, der sehr launisch ist, hat eine Methode entwickelt, immer nur jeweils einen einzigen Zahn zu putzen, bis er «einen vollen, frischen Mund» erhält, wie er es nennt. Das hat baukünstlerische Solidität, aber, ist es auch zahnkünstlerische Arbeit?

Vincent

Lieber Theo,

ich bin verliebt. Claire Memling kam letzte Woche zu einer Kontrolluntersuchung. (Ich hatte ihr eine Postkarte geschickt, auf der stand, dass sechs Monate seit der letzten Durchsicht vergangen seien, obwohl es erst vier Tage her war.) Theo, sie treibt mich zum Wahnsinn! Verrückt vor Verlangen! Ihr Gebiss! Ich habe nie so ein Gebiss gesehen! Ihre Zähne treffen perfekt aufeinander! Nicht wie die von Frau Itkin, deren untere Zähne über die oberen ungefähr drei Zentimeter vorragen, was ihr einen Unterbiss verleiht, der dem eines Werwolfs ähnelt! Nein! Claires Zähne schließen und passen! Wenn das geschieht, weiß man, es gibt einen Gott! Und doch ist sie nicht allzu vollkommen. Nicht so makellos, um uninteressant zu sein. Sie hat eine Lücke zwischen neun und elf unten. Nummer zehn hat sie in ihrer Jugend verloren. Plötzlich und ohne Warnung hatte er ein Loch. Er wurde ziemlich leicht entfernt (das heißt, er fiel ihr beim Sprechen raus) und nie wieder ersetzt. «Nichts hätte Nummer zehn unten ersetzen können», sagte sie zu mir, «er war mehr als ein Zahn, er war mein Leben bis dahin.» Über den Zahn wurde selten gesprochen, als sie älter wurde, und ich glaube, sie war nur deshalb gewillt, mit mir darüber zu sprechen, weil sie mir vertraut. Oh, Theo, ich liebe sie. Ich sah ihr heute in den Mund und war wieder wie ein junger, nervöser Zahnarztstudent, sodass ich ihr Tupfer und Spiegelchen in den Hals rutschen ließ. Später hatte ich meine Arme um sie geschlungen und zeigte ihr die richtige Art, sich die Zähne zu bürsten. Die süße kleine Närrin war gewohnt, die Bürste stillzuhalten und den Kopf von einer Seite zur anderen zu bewegen. Nächsten Donnerstag gebe ich ihr etwas Gas und bitte sie, mich zu heiraten.

Vincent

Lieber Theo,

Gauguin und ich hatten wieder eine Auseinandersetzung, und er ist nach Tahiti abgereist! Er war mitten bei einer Extraktion, als ich ihn störte. Er hatte das Knie auf Herrn Feldmanns Brust und die Zange am rechten oberen Backenzahn des Mannes. Es gab den üblichen Ringkampf, und ich hatte das Pech, hereinzukommen und Gauguin zu fragen, ob er meinen Filzhut gesehen habe. Gauguin wurde abgelenkt und lockerte den Griff um den Zahn, und Feldmann nutzte diesen Fehler aus, um aus dem Stuhl zu springen und aus dem Sprechzimmer zu fliehen. Gauguin bekam einen Tobsuchtsanfall! Volle zehn Minuten hielt er meinen Kopf unter den Röntgenapparat, und danach konnte ich mehrere Stunden lang nicht mit beiden Augen gleichzeitig zwinkern. Jetzt bin ich einsam.

Vincent

Lieber Theo,

alles ist aus! Da heute der Tag war, an dem ich vorhatte, Claire zu bitten, mich zu heiraten, war ich ein wenig nervös. Sie sah großartig aus mit ihrem weißen Organdykleid, dem Strohhut und dem Zahnfleischschwund. Wie sie so in dem Stuhl saß, den Absaugschlauch im Mund, brauste es mir im Herzen. Ich versuchte, romantisch zu sein. Ich machte das Licht dunkler und versuchte, das Gespräch auf fröhliche Themen zu lenken. Wir nahmen beide etwas Lachgas. Als der Augenblick richtig schien, sah ich ihr direkt in die Augen und sagte: «Bitte spülen.» Und sie lachte! Ja, Theo! Sie lachte mich aus und wurde dann wütend! «Meinen Sie, ich könnte für einen Mann wie Sie spülen!?

Das soll wohl ein Witz sein!» Ich sagte: «Bitte, Sie verstehen nicht.» Sie sagte: «Ich verstehe sehr gut! Ich könnte niemals bei jemandem außer einem zugelassenen Zahnorthopäden spülen! Wahrhaftig, schon der Gedanke, ich könnte hier spülen! Lassen Sie mich!» Und damit lief sie weinend hinaus. Theo! Ich möchte sterben! Ich sehe mein Gesicht im Spiegel und möchte es zerschlagen! Es zerschlagen! Hoffe, dir geht es gut.

Vincent

Lieber Theo,

ja, es ist wahr. Das Ohr im Schaufenster bei Gebrüder Fleischmann, Scherzartikel, ist meines. Ich nehme an, es war eine Torheit, aber ich wollte vorigen Sonntag Claire ein Geburtstagsgeschenk schicken, und alle Läden waren zu. Na ja. Manchmal wünsche ich, ich hätte auf Vater gehört und wäre Maler geworden. Das wäre nicht aufregend, aber wenigstens ein normales Leben.

Vincent

Die Schmidt-Memoiren

Die anscheinend unerschöpfliche Flut von Literatur über das Dritte Reich setzt sich unvermindert fort mit den Memoiren Friedrich Schmidts, deren Veröffentlichung bald zu erwarten ist. Schmidt, der bekannteste Friseur Deutschlands während des Krieges, leistete Hitler und vielen hohen Persönlichkeiten aus Regierung und Militär seine haarkünstlerischen Dienste. Wie beim Nürnberger Prozess treffend bemerkt wurde, schien Schmidt nicht nur stets im richtigen Augenblick an der richtigen Stelle zu sein, er besaß auch mehr als ein absolutes Erinnerungsvermögen, und war somit in einzigartiger Weise dazu berufen, diesen eindrucksvollen Leitfaden des Seeleninneren Nazi-Deutschlands niederzuschreiben. Es folgen nun einige kurze Auszüge:

Im Frühjahr 1940 hielt ein großer Mercedes vor meinem Frisiersalon in der Königsstraße 127, und Hitler kam herein. «Nur ein bisschen versäubern», sagte er, «und nehmen Sie oben nicht zu viel weg.» Ich erklärte ihm, dass er wohl etwas warten müsse, denn Herr von Ribbentrop sei noch vor ihm dran. Hitler sagte, er habe es eilig, und fragte Ribbentrop, ob er nicht als Nächster drankommen könne, aber Ribbentrop betonte, dass es im Außenministerium einen schlechten Eindruck machte, wenn man ihn überginge. Hitler rief darauf rasch irgendwo an, Ribbentrop wurde auf der Stelle zum Afrikacorps versetzt und Hitler bekam seinen Haarschnitt. So ging es mit den Rivalitäten die ganze Zeit weiter. Einmal ließ Göring Heydrich unter Vorspiegelung falscher Tatsachen verhaften, um den Stuhl am Fenster zu bekommen. Göring war hemmungslos und wollte zum Haarschneiden öfters auf dem Schaukelpferdchen sitzen. Die Naziführung geriet dadurch in Verlegenheit, konnte aber nichts machen. Eines Tages aber forderte Heß ihn heraus. «Heute möchte ich das Schaukelpferdchen haben, Herr Feldmarschall», sagte er.

«Unmöglich. Ich habe es für mich reservieren lassen», giftete Göring zurück.

«Ich habe Anweisungen direkt vom Führer. Sie besagen, dass mir gestattet werden soll, zu meinem Haarschnitt auf dem Schaukelpferd zu sitzen.» Und Heß holte einen entsprechenden Brief Hitlers hervor. Göring erbleichte. Das verzieh er Heß nie und sagte, dass er sich in Zukunft von seiner Frau die Haare zu Hause mit einem Topf auf dem Kopf schneiden lassen werde. Hitler lachte, als er das hörte, aber Göring meinte es ernst und hätte seine Drohung auch wahr gemacht, wenn der Kriegsminister seinen Antrag auf eine Ausdünnschere nicht abgelehnt hätte.

Ich bin gefragt worden, ob ich mir der moralischen Tragweite meines Handelns bewusst war. Wie ich dem Gericht in Nürnberg schon sagte, wusste ich nicht, dass Hitler Nazi war. Die Wahrheit ist, dass ich jahrelang dachte, er arbeite für die Post. Als ich schließlich dahinter kam, was für ein Ungeheuer er war, war es zu spät, noch etwas zu tun, weil ich eine Anzahlung für ein paar Möbel geleistet hatte. Einmal, gegen Ende des Krieges, überlegte ich, ob ich die Halsbinde des Führers nicht lockern und ihm ein paar kurze Härchen den Rücken runterrutschen lassen sollte, aber im letzten Augenblick machten meine Nerven nicht mit.

In Berchtesgaden wandte sich Hitler eines Tages an mich und fragte: «Wie würde ich mit Koteletten aussehen?» Speer lachte und Hitler war beleidigt. «Ich meine es todernst, Herr Speer», sagte er, «ich glaube, mir könnten Koteletten stehen.» Göring, dieser schleimende Hanswurst, stimmte sofort zu und sagte: «Der Führer mit Koteletten – welch hervorragende Idee!» Speer widersprach noch immer. Er war wirklich der Einzige, der integer genug war, es dem Führer gleich zu sagen, wenn dieser einen Haarschnitt nötig hatte. «Zu auffallend», sagte Speer nun. «Koteletten sind etwas, was ich eher mit Churchill in Verbindung bringen würde.» Hitler wurde wütend. Ob denn Churchill Koteletten in Erwägung zöge, wollte er wissen, und wenn ja, wie viele und wann? Himmler, angeblich der Leiter der Spionageabteilung, wurde sofort herbeizitiert. Göring ärgerte sich über Speers Haltung und flüsterte ihm zu: «Warum machen Sie denn so einen Aufstand? Wenn er Koteletten haben will, lassen Sie ihn doch!» Speer, der sonst immer bis zum Gehtnichtmehr taktvoll war, nannte Göring einen Heuchler und «Kräuterquark in deutscher Uniform». Göring schwor Rache, und später erzählte man sich, er habe von einer SS-Spezialeinheit Speers Bett bespitzeln lassen.

Himmler kam völlig aufgelöst angerast. Er war mitten in einer Stepptanzstunde gewesen, als das Telefon klingelte und er nach Berchtesgaden beordert wurde. Er fürchtete, es handle sich um die fehlgeleitete Ladung einiger tausend spitzer Karnevalhütchen, die Rommel für seine Winteroffensive zugesagt worden waren. (Himmler war es nicht gewohnt, nach Berchtesgaden zum Abendessen eingeladen zu werden, denn er konnte schlecht sehen, und Hitler ertrug es nicht, ansehen zu müssen, wie Himmler die Gabel an sein Gesicht führte und sich dann das Essen irgendwo an die Backe klebte.) Himmler wusste, dass irgendwas nicht stimmte, denn Hitler nannte ihn Brillenschlange, was er nur tat, wenn er verärgert war. Plötzlich wandte sich der Führer an ihn und brüllte: «Lässt sich Churchill Koteletten stehen?»

Himmler wurde rot.

«Na, was ist?»

Himmler sagte, es habe die Nachricht gegeben, dass Churchill Koteletten in Erwägung zöge, aber das sei alles inoffiziell. Was Größe und Anzahl betreffe, erklärte er, so seien es wahrscheinlich zwei mittlerer Länge, aber niemand wolle was sagen, bevor man nicht ganz sicher sein könne. Hitler schrie und schlug mit der Faust auf den Tisch. (Das war für Göring ein Triumph über Speer.) Hitler zog eine Landkarte hervor und erläuterte uns, wie er glaube, England vom Nachschub heißer Handtücher abschneiden zu können. Mit der Blockade der Dardanellen könne Dönitz verhindern, dass die Handtücher an Land gebracht und den Engländern über die ängstlich wartenden Gesichter gebreitet würden. Aber die grundsätzliche Frage blieb: Konnte Hitler bei den Koteletten Churchill den Rang ablaufen? Himmler sagte, Churchill habe einen Vorsprung, und es wäre vielleicht unmöglich, ihn noch einzuholen. Göring, dieser gedankenlose Optimist, sagte, dem Führer könnten die Koteletten möglicherweise schneller wachsen, wenn es uns gelinge, die ganze Kraft Deutschlands zu einer geballten Anstrengung zusammenzuraffen. Von Rundstedt erklärte jedoch auf einer Generalstabssitzung, es wäre ein Fehler zu versuchen, die Koteletten auf zwei Seiten gleichzeitig in Angriff zu nehmen, und riet, dass es klüger wäre, alle Anstrengungen auf eine gelungene Kotelette zu konzentrieren. Hitler sagte, er schaffe es auf beiden Backen gleichzeitig. Rommel stimmte von Rundstedt zu. «Sie werden niemals gleichmäßig, mein Führer», sagte er. «Nicht, wenn Sie sie drängen.» Hitler wurde wütend und sagte, das wäre seine Angelegenheit und die seines Friseurs. Speer versprach, dass er unsere Rasiercreme-Produktion bis zum Herbst verdreifachen könne, und Hitler wurde übermütig. Im Winter 1942 leiteten die Russen dann eine Gegenoffensive ein und die Koteletten kamen zum Stillstand. Hitler wurde immer verzweifelter, denn er fürchtete, Churchill könne bald fabelhaft aussehen und er noch immer nur «durchschnittlich», aber wenig später erreichte uns die Nachricht, Churchill habe den Kotelettenplan als zu kostspielig aufgegeben. Wieder einmal hatte sich gezeigt, dass der Führer Recht hatte.

Nach der Invasion der Alliierten wurde Hitlers Haar trocken und widerspenstig. Das lag zum Teil am Erfolg der Alliierten und zum Teil am Rat Goebbels', der ihm gesagt hatte, er solle es jeden Tag waschen. Als General Guderian das hörte, kehrte er sofort von der Ostfront zurück und sagte dem Führer, er dürfe sein Haar nicht öfter als dreimal die Woche waschen. Dieses Verfahren habe der Generalstab in zwei vorangegangenen Kriegen mit großem Erfolg angewandt. Aber Hitler setzte sich wieder einmal über seine Generäle hinweg und wusch es weiterhin jeden Tag. Bormann war Hitler beim Nachspülen behilflich und schien ständig mit einem Kamm zur Stelle zu sein. Schließlich wurde Hitler von Bormann abhängig, und bevor er in einen Spiegel sah, ließ er Bormann immer als Ersten hineinsehen. Als die alliierten Truppen nach Osten vorstießen, wurde der Zustand von Hitlers Haaren immer schlechter. Sie waren trocken und ungekämmt, und oftmals wütete er stundenlang, wie schön er sich die Haare schneiden und sich rasieren und vielleicht sogar die Schuhe putzen ließe, wenn Deutschland erst den Krieg gewonnen hätte. Heute ist mir klar, dass er nie die Absicht hatte, alles das zu tun.

Eines schönen Tages nahm Heß die Haarwasserflasche des Führers und begab sich in einem Flugzeug nach England. Die deutsche Führung geriet in Zorn. Man hatte das Gefühl, Heß plane, die Flasche den Alliierten im Tausch gegen seine Amnestierung auszuhändigen. Hitler war besonders wütend, als er die Nachricht hörte, weil er gerade unter der Dusche gewesen war und sich jetzt kämmen wollte. (Heß erklärte später in Nürnberg, dass er, im Bestreben den Krieg zu beenden, den Plan hatte, Churchill eine Kopfmassage zu verabreichen. Er hatte schon erreicht, dass Churchill sich über das Waschbecken beugte, da wurde er verhaftet.)

Gegen Ende 1944 ließ sich Göring einen Schnurrbart wachsen, und es kam das Gerücht auf, er solle Hitler bald ablösen. Hitler war wütend und beschuldigte Göring der Untreue. «Es darf nur einen Schnurrbart bei den Führern des Reichs geben, und das ist meiner!», schrie er. Göring wandte ein, dass zwei Schnurrbärte dem deutschen Volk ein größeres Gefühl der Hoffnung im Krieg geben könnten, um den es schlecht stand, aber Hitler meinte, nein. Dann, im Jahre 1945, schlug eine Verschwörung mehrerer Offiziere fehl, die Hitler im Schlaf den Schnurrbart abschneiden und Dönitz zum neuen Führer ausrufen wollten, weil von Stauffenberg im Dunkeln in Hitlers Schlafzimmer dem Führer aus Versehen eine Augenbraue abrasierte. Es wurde der Ausnahmezustand verkündet, und plötzlich erschien Goebbels in meinem Laden. «Eben ist ein Attentat auf den Schnurrbart des Führers verübt worden, jedoch ohne Erfolg», sagte er zitternd. Goebbels veranlasste, dass ich im Radio eine Ansprache an das deutsche Volk hielte, was ich mit einem Minimum an Notizzettelchen auch tat. «Der Führer ist wohlauf», versicherte ich. «Er hat noch seinen Schnurrbart. Ich wiederhole: Der Führer hat noch seinen Schnurrbart. Eine Verschwörung, ihn zu rasieren, ist gescheitert.»

Kurz vor dem Ende kam ich zu Hitler in den Bunker. Die alliierten Armeen umzingelten Berlin, und Hitler fühlte, dass, wenn die Russen als Erste kämen, er einen Radikalschnitt nötig haben würde, wenn es aber die Amerikaner wären, es bei einem leichten Versäubern bleiben könne. Alle stritten sich. Da wollte Bormann mittendrin plötzlich rasiert werden, und ich versprach ihm, einige Vorschläge dazu auszuarbeiten. Hitler wurde immer mürrischer und einsamer. Er sprach davon, dass er sich das Haar von Ohr zu Ohr scheiteln wolle, und behauptete dann, die Entwicklung des Elektrorasierers werde den Krieg für Deutschland entscheiden. «Wir werden in der Lage sein, uns in wenigen Sekunden zu rasieren, was, Schmidt?», murmelte er. Er erwähnte andere wilde Pläne und sagte, dass er sich eines Tages die Haare nicht schneiden, sondern ondulieren lassen werde. Von absoluter Größe besessen wie üblich, schwor er, er werde schließlich noch eine gewaltige Pompadourfrisur tragen, «die die Welt erzittern lassen wird und eine ganze Ehrengarde zum Frisieren erfordert». Endlich schüttelten wir uns die Hand, und ich schnitt ihm ein letztes Mal die Haare. Er gab mir einen Pfennig Trinkgeld. «Ich wollte, es wäre mehr», sagte er, «aber seit die Alliierten Europa überrannt haben, bin ich etwas knapp bei Kasse.

Der Falke im Malteser

Eins hat man zu lernen, wenn man Privatschnüffler ist, nämlich sich auf seinen Animus zu verlassen. Deswegen hätte ich damals, als ein zitterndes Klümpchen Butter namens Word Babcock in mein Büro gewackelt kam und seine Karten auf den Tisch legte, dem kalten Schauder vertrauen sollen, der mir das Rückgrat hochschoss.

«Kaiser?», sagte er, «Kaiser Lupowitz?»

«Genau das steht auf meiner Zulassung», gestand ich.

«Sie müssen mir helfen. Ich werde erpresst. Bitte!»

Er schlotterte wie der Leadsänger in 'ner Rumbatruppe. Ich schob ein Glas über den Schreibtisch und eine Flasche Whisky, die ich zu nichtmedizinischen Zwecken immer bereithabe. «Wie wär's, wenn Sie sich erst mal beruhigen und mir den ganzen Käse erzählen.»

«Sie … Sie sagen's nicht meiner Frau?»

«Spucken Sie's aus, Word. Ich kann nichts versprechen.»

Er versuchte, einen Drink runterzukippen, aber man konnte das Scheppern bis über die Straße hören, und das meiste von dem Zeug lief ihm in die Schuhe.

«Ich bin 'n Typ, der arbeitet», sagte er, «mechanische Reparaturen. Ich baue und repariere Summsumms. Sie wissen schon – diese lustigen kleinen Trickdinger, die den Leuten 'n elektrischen Schlag versetzen, wenn sie sich die Hände schütteln.» – «Ach?»

«'ne Menge von euren Bossen haben die gern. Besonders unten an der Wall Street.»

«Kommen Sie zur Sache.»
«Ich komm viel rum. Sie wissen, wie das ist – einsam. Oh, nicht, was Sie denken. Sehn Sie mal, Kaiser, im Grunde bin ich 'n Intellektueller. Klar, ein Kerl kann alle Puppen haben, die er will. Aber die Frauen mit wirklich was auf'm Kasten – die sind nicht so leicht zu finden auf die Schnelle.»
«Erzählen Sie weiter.»
«Also, ich hörte von diesem jungen Mädchen. Achtzehn Jahre. Studentin in Vassar. Für 'n bestimmten Preis kommt sie und redet über jedes Thema – Proust, Yeats, Anthropologie. Gedankenaustausch. Sehen Sie, worauf ich hinauswill?»
«Nicht genau.»
«Ich meine, meine Frau ist 'ne Wucht, verstehen Sie mich nicht falsch. Aber sie will sich nicht mit mir über Pound unterhalten. Oder Eliot. Ich wusste das nicht, als ich sie heiratete. Sehen Sie, ich brauche eine Frau, die geistig anregend ist, Kaiser. Ich bin bereit, dafür zu zahlen. Ich brauche keine verwickelte Angelegenheit – ich will 'n schnelles geistiges Erlebnis, und dann will ich das Mädchen nicht mehr sehen. Lieber Himmel, Kaiser, ich bin glücklich verheiratet.»
«Wie lange geht das jetzt schon?»
«Sechs Monate. Immer wenn ich 'n Rappel kriege, rufe ich Flossie an. Sie ist 'ne Dame mit'm Magister in Vergleichender Literaturwissenschaft. Sie schickt mir 'ne Intellektuelle rüber, verstehen Sie?»
Er war also einer von den Burschen, die eine Schwäche für wirklich gescheite Frauen haben. Der arme Trottel tat mir Leid. Ich stellte mir vor, dass 'ne Menge Schwachköpfe in seiner Lage wären, die nach'm kleinen intellektuellen *Tête-*

à-Tête mit dem anderen Geschlecht hungerten und dafür gehörig bluten mussten.

«Jetzt droht sie, es meiner Frau zu sagen», sagte er.

«Wer?»

«Flossie. Sie haben mir 'ne Wanze ins Hotelzimmer gesetzt. Sie haben Tonbänder von mir, wie ich gerade über *The Waste Land* und *Techniken des radikalen Willens* diskutiere und, na ja, wirklich ganz schön in Fahrt komme. Sie wollen zehn Riesen oder sie gehen zu Carla. Kaiser, Sie können mir helfen! Carla würde tot umfallen, wenn sie dahinter käme, dass sie mich hier oben nicht auf Touren gebracht hat.»

Der alte Callgirl-Schwindel. Ich hatte Gerüchte gehört, dass die Jungs in der Zentrale an was dran waren, was mit 'ner Gruppe gebildeter Frauen zu tun hatte, aber bis jetzt wussten die auch nicht weiter.

«Holen Sie mir Flossie an die Strippe.»

«Was?»

«Ich übernehme Ihren Fall, Word. Aber ich kriege fünfzig Dollar pro Tag, plus Spesen. Sie werden 'ne Menge Summsumms reparieren müssen.»

«Das wird mich aber nicht zehn Riesen kosten, da bin ich sicher», sagte er mit einem Grinsen, hob den Hörer ab und wählte eine Nummer. Ich nahm ihm das Telefon ab und zwinkerte ihm zu. Ich fing an, ihn zu mögen.

Sekunden später antwortete eine seidenweiche Stimme, und ich erzählte ihr, was ich auf dem Herzen hätte. «Ich nehme an, du kannst mir behilflich sein, 'ne Stunde mit'm guten Plausch auf die Beine zu stellen», sagte ich.

«Klar, Süßer. Was schwebt dir denn so vor?»

«Ich würde gerne über Melville reden.»

«*Moby Dick* oder die kleineren Romane?»

«Wo liegt der Unterschied?»
«Im Preis. Das ist alles. Symbolik geht extra.»
«Was kommt mich denn der Spaß?»
«Fünfzig, vielleicht hundert für *Moby Dick.* Willst du 'ne vergleichende Erörterung – Melville und Hawthorne? Das könnte man für hundert arrangieren.»
«Der Preis ist okay», erklärte ich und gab ihr die Nummer eines Zimmers im Plaza.
«Willst du eine Blonde oder 'ne Brünette?»
«Überrasch mich», sagte ich und legte auf.
Ich rasierte mich und goss schnell etwas schwarzen Kaffee runter, während ich ein paar Artikel im Literaturlexikon überflog. Es war kaum eine Stunde vergangen, als es an meiner Tür klopfte. Ich machte auf, und da stand da so ein junges Rotschöpfchen, das wie zwei dicke Kugeln Vanilleeis in seine Slacks gefüllt war.
«Hallo, ich bin Sherry.»
Die wussten wirklich, wie sie an deine Wunschträume appellieren mussten. Langes, glattes Haar, Lederhandtasche, silberne Ohrringe, kein Make-up.
«Mich wundert, dass sie dich nicht angehalten haben, wenn du in so'm Aufzug ins Hotel kommst», sagte ich. «Der Hausdetektiv riecht normalerweise 'n Intellektuellen fünf Meilen im Voraus.»
«Fünf Scheinchen kühlen ihn wieder ab.»
«Wollen wir anfangen?», sagte ich und schob sie rüber zur Couch. Sie zündete sich 'ne Zigarette an und legte gleich los.
«Ich denke, wir könnten damit beginnen, dass wir uns *Billy Budd* als Rechtfertigung der Wege Gottes zum Menschen nähern, *n'est-ce-pas?*»

«Interessant, doch nicht im Milton'schen Sinne.» Ich bluffte. Ich wollte mal sehen, ob sie darauf eingehen würde.

«Nein. Dem *Verlorenen Paradies* mangelt der pessimistische Unterbau.» Sie tat's.

«Richtig, richtig. Mein Gott, du hast Recht», murmelte ich. «Ich denke, Melville stellte die Tugenden der Unschuld in einem naiven, doch raffinierten Sinne wieder her – meinst du nicht auch?»

Ich ließ sie weitermachen. Sie war knapp neunzehn, aber sie zeigte bereits die verhärtete Nachgiebigkeit der Pseudo-Intellektuellen. Sie ratterte ihre Sachen zungenfertig runter, aber es war alles Routine. Wenn ich 'ne tiefe Einsicht anbot, heuchelte sie 'ne Antwort drauf: «O ja, Kaiser. Ja, Kleiner, das ist tief. Ein platonisches Verständnis des Christentums – warum habe ich das nicht vorher erkannt?»

Wir redeten ungefähr 'ne Stunde, und dann sagte sie, sie müsste gehen. Sie stand auf und ich stiftete ihr 'n Hunderter.

«Danke, Süßer.»

«Wo der herkommt, da sind noch 'ne Menge.»

«Was willst du damit sagen?»

Ich hatte ihre Neugier erregt. Sie setzte sich wieder hin.

«Angenommen, ich würde gerne – 'ne Party machen?», sagte ich.

«Was für 'ne Party?»

«Angenommen, ich wollte, dass ich Noam Chomsky von zwei Mädchen beigebogen kriegte?»

«Oh, Mann!»

«Wenn du's lieber vergessen würdest …»

«Du müsstest mit Flossie reden», sagte sie, «das würde dich ganz schön was kosten.»

Jetzt war's Zeit, die Schrauben anzuziehen. Ich zückte meine Privatdetektiv-Marke und teilte ihr mit, dass das 'ne Verhaftung wäre.

«Was?»

«Ich bin 'n Bulle, Süße, und über Melville für Geld zu quatschen ist Paragraph 802. Du kannst dafür eingebuchtet werden.»

«Du Mistkerl!»

«Besser, du redest dir alles von der Leber, Baby. Es sei denn, du möchtest deine Geschichte unten in Alfred Kazins Büro loswerden, aber ich glaube, der wäre nicht allzu erfreut, sie zu hören.»

Sie fing an zu flennen. «Zeig mich nicht an, Kaiser», sagte sie, «ich brauchte das Geld, um meinen Magister fertig zu machen. Die haben mir das Stipendium verweigert. Zweimal. Oh, mein Gott.»

Nun strömte alles aus ihr heraus – die ganze Geschichte. Jugend in Central Park West, die sozialistischen Sommercamps, Brandeis. Sie war das Fräulein Jedermann, das man vor dem «Elgin» oder dem «Thalia» in der Schlange warten sieht oder das «sehr richtig» in Büchern über Kant an den Rand kritzelt. Bloß hatte sie irgendwo die verkehrte Kurve gekratzt.

«Ich brauchte Bargeld. 'ne Freundin sagte, sie wüsste 'n verheirateten Typen, dessen Frau nicht sehr viel loshat. Er hatte sich an Blake festgefressen. Den hatte sie nicht auf der Pfanne. Ich sagte, klar, für 'n bestimmten Preis würde ich mit ihm über Blake reden. Ich war zuerst nervös. Ich habe 'ne Menge zusammengesponnen. Er hat nichts gemerkt. Meine Freundin sagte, es gäbe noch welche. Oh, ich bin schon mal geschnappt worden. Ich wurde erwischt, wie ich

Wilhelm Reich in einem geparkten Auto las, und einmal wurde ich in Tanglewood angehalten und gefilzt. Noch mal, und mein Punktekonto ist voll.»

«Dann bring mich zu Flossie.»

Sie knabberte auf ihrer Lippe rum und sagte: «Der Buchladen von Hunter College ist 'ne Deckadresse.»

«Ach?»

«Wie die Wettbüros, die vornedran zum Schein 'n Friseurgeschäft haben. Du wirst es sehen.»

Ich rief kurz im Hauptquartier an, und dann sagte ich zu ihr: «Okay, Süße, du bist aus dem Schneider. Aber verlass die Stadt nicht.»

Sie hob ihr Gesicht dankbar an meines. «Ich kann dir Fotos von Dwight Macdonald besorgen, auf denen er liest», sagte sie.

«Andermal.»

Ich spazierte in den Buchladen vom Hunter College. Der Verkäufer, ein junger Mann mit empfindsamem Blick, kam auf mich zu. «Kann ich Ihnen helfen?», sagte er.

«Ich suche nach 'ner Spezialausgabe von *Werbung für mich*. Ich habe erfahren, der Autor hat einige tausend Exemplare für Freunde auf Blattgold drucken lassen.»

«Das muss ich feststellen», sagte er. «Wir haben eine telefonische Direktleitung zur zentralen Auslieferung.»

Ich nagelte ihn mit einem Blick fest. «Sherry schickt mich», sagte ich.

«Oh, in dem Fall gehen Sie nach hinten», sagte er. Er drückte auf einen Knopf. Eine Bücherwand öffnete sich, und ich wanderte wie ein Dummerchen in diesen geschäftigen Freudentempel hinein, der als «Flossie's» bekannt war.

Rote Samttapeten und viktorianische Ausstattung gaben den Ton an. Blasse, nervöse Mädchen mit schwarzrandigen Brillen und kurz geschnippeltem Haar fläzten sich auf Sofas rum und blätterten aufreizend in *Penguin-Classics*. Eine Blondine zwinkerte mir mit breitem Grinsen zu, nickte in Richtung eines Zimmers einen Stock höher und sagte: «Wallace Stevens, na?» Aber es gab nicht bloß geistige Erlebnisse – sie hökerten auch mit welchen fürs Herz. Für fünfzig Scheinchen, erfuhr ich, könnte ich «mit einer reden, ohne in Hitze zu geraten». Für hundert würde dir ein Mädchen ihre Bartókplatten leihen, mit dir essen gehen und dich dann dabei zusehen lassen, wie sie einen Anfall nervöser Erregung kriegt. Für hundertfünfzig könnte man mit Zwillingen das 3. Programm im Radio hören. Für drei Hunderter kriegtest du alles, was sie zu bieten hatten: 'ne schlanke jüdische Brünette würde so tun, als gabelte sie dich zufällig im Museum of Modern Art auf, lässt dich ihre großen Lieblinge lesen, zieht dich im «Elaine's» in einen Mordskrach über Freuds Auffassung von der Frau rein und macht dir dann 'n Selbstmord nach deiner Wahl vor – der perfekte Abend für manchen Burschen. Netter Nepp. Große Stadt, New York.

«Gefällt's dir hier?», sagte eine Stimme hinter mir. Ich drehte mich um und stand plötzlich Auge in Auge mit dem Mündungsloch einer 38er. Ich bin ein Kerl mit'm starken Magen, aber diesmal machte er 'n Salto rückwärts. Es war Flossie, okay. Die Stimme war dieselbe, aber Flossie war ein Mann. Sein Gesicht war hinter einer Maske versteckt.

«Du wirst es nie glauben», sagte er, «aber ich habe nicht mal 'n Collegeabschluss. Ich wurde wegen schlechter Noten rausgeschmissen.»

«Trägst du deshalb die Maske?»
«Ich heckte einen komplizierten Plan aus, um *The New York Review of Books* zu übernehmen, aber das bedeutete, ich müsste für Lionel Trilling gehalten werden. Ich ging nach Mexiko zu einer Operation. Es gibt da 'n Arzt in Juarez, der macht den Leuten Trilling-Gesichter – für 'n bestimmten Preis. Irgendwas ging schief. Ich sah hinterher wie W. H. Auden aus, mit der Stimme von Mary McCarthy. Und da fing ich an, auf der anderen Seite des Gesetzes zu arbeiten.»
Schnell, bevor er den Finger am Drücker krumm machen konnte, trat ich in Aktion. Ich hechtete mich nach vorn, knallte ihm meinen Ellbogen über die Klappe und schnappte mir die Kanone, als er nach hinten fiel. Er ging zu Boden wie 'ne Tonne Backsteine. Er wimmerte immer noch, als die Polizei aufkreuzte.
«Gute Arbeit, Kaiser», sagte Sergeant Holmes. «Wenn wir mit dem Burschen fertig sind, will sich das FBI mit ihm unterhalten. 'ne kleine Sache, die was mit 'n paar Zockern und 'ner kommentierten Ausgabe von Dantes *Inferno* zu tun hat. Schafft ihn weg, Jungs.»
Später am selben Abend nahm ich mir eine meiner alten Rechnungen namens Gloria vor. Sie war blond. Sie hatte *cum laude* promoviert. Der Unterschied war, sie hatte im Hauptfach Leibeserziehung. War 'n tolles Gefühl.

Der Tod klopft

Das Stück spielt im Schlafzimmer von Nat Ackermanns zweistöckigem Haus irgendwo in Kew Gardens. Teppichboden von Wand zu Wand. Ein breites Doppelbett und ein großer Toilettentisch. Das Zimmer ist geschmackvoll mit Möbeln und Gardinen ausgestattet, und an den Wänden hängen mehrere Gemälde und ein nicht eben hinreißendes Barometer. Beim Aufgehen des Vorhangs ertönt leise Musik. Nat Ackermann, ein glatzköpfiger, dickbäuchiger, siebenundfünfzigjähriger Kleiderfabrikant, liegt auf dem Bett und liest die Abendausgabe der Daily News zu Ende. Er trägt einen Morgenmantel und Pantoffeln und liest im Licht einer Bettlampe, die am weißen Kopfteil des Bettes festgeklemmt ist. Es ist kurz vor Mitternacht. Plötzlich hören wir ein Geräusch, Nat setzt sich auf und sieht zum Fenster.

Nat Was zum Kuckuck ist das denn?

Durch das Fenster klettert ungeschickt eine dunkle, mit einem Cape bekleidete Gestalt. Der Eindringling trägt eine schwarze Kapuze und hautenge schwarze Kleider. Die Kapuze bedeckt den Kopf, nicht aber sein Gesicht, das mittleren Alters und schneeweiß ist. In seiner Erscheinung ähnelt er irgendwie Nat. Er pustet hörbar, stolpert dann über die Fensterbank und fällt ins Zimmer.

Tod denn es ist niemand anders Jessas, ich habe mir fast das Genick gebrochen.

Nat betrachtet ihn verwirrt Wer sind denn Sie?

Tod Der Tod.

Nat Wer?

Tod Der Tod. Hör mal – darf ich mich vielleicht setzen? Ich hab mir fast das Genick gebrochen. Ich zittere wie Espenlaub.

Nat *Wer* sind Sie?

Tod Der *Tod*. Hast du vielleicht ein Glas Wasser?

Nat Der Tod? Was meinen Sie damit: der Tod?

Tod Was ist denn los mit dir? Du siehst den schwarzen Dress hier und mein weiß geschminktes Gesicht?

Nat Sicher.

Tod Ist vielleicht Karneval?

Nat Nein.

Tod Also bin ich der Tod. Kann ich jetzt 'n Glas Wasser bekommen – oder vielleicht 'ne Limo?

Nat Wenn das ein Witz sein soll …

Tod Wieso denn Witz? Du bist siebenundfünfzig? Nat Ackermann? Pacific Street 118? Wenn ich 'n jetzt bloß nicht verbaselt habe – wo habe ich denn den Einberufungsbefehl? Er kramt in der Tasche herum und zieht schließlich eine Karte mit einer Adresse heraus. Sie scheint zu stimmen.

Nat Was hast du mit mir vor?

Tod Was ich vorhabe? Na, was meinst du wohl?

Nat Du willst mich wohl veräppeln? Ich bin absolut gesund.

Tod unbeeindruckt Jaja. Sieht sich um. Hübsch hier. Selbst gemacht?

Nat Wir hatten einen Dekorateur, aber wir haben auch was beigetragen.

Tod betrachtet ein Bild an der Wand Ich mag solche Knirpse mit großen Augen.

Nat Ich möchte noch nicht gehen.

Tod *Du* möchtest nicht gehen? Überlass mir doch das bitte. Mir dreht sich sowieso noch alles vom Aufstieg.

Nat Von welchem Aufstieg?

Tod Ich bin an der Regenrinne raufgeklettert. Ich wollte 'n hochdramatischen Auftritt landen. Ich sehe die großen Fenster, und du bist wach und liest. Ich denke, das lohnt doch 'n Knalleffekt. Ich stelle mir vor, ich klettere hoch und komm rein mit so 'm kleinen – du weißt schon … Er schnipst mit dem Finger. Inzwischen bleibe ich mit dem Absatz an irgendwelchen Weinranken hängen, die Regenrinne bricht ab, und ich hänge am seidenen Faden. Dann fängt auch noch mein Cape an zu reißen. Ach komm, lass uns doch einfach gehen. Die Nacht war schon mühselig genug.

Nat Du hast meine Dachrinne kaputtgemacht?

Tod Kaputtgemacht? Sie ist nicht kaputt. Bloß ein bisschen verbogen. Hast du nichts gehört? Ich bin doch auf die Erde geknallt.

Nat Ich habe gelesen.

Tod Da musst du aber wirklich vertieft gewesen sein. Hebt die Zeitung auf, die Nat gelesen hat. «STUDENTINNEN BEI HASCHORGIE ERWISCHT.» Kann ich das mal ausleihen?

Nat Ich bin noch nicht fertig.

Tod Äh – ich weiß nicht, wie ich's dir beibringen soll, *amigo* …

Nat Warum hast du eigentlich nicht unten geklingelt?

Tod Ich sag dir ja, ich hätte gekonnt, aber wie sieht das aus? So ist doch ein bisschen mehr Pep in der Sache. Irgendwie. Hast du nicht *Faust* gelesen?

Nat Was?

Tod Und wenn du in Gesellschaft gewesen wärst? Du sitzt da mit wichtigen Leuten. Ich bin der Tod – sollte ich vielleicht klingeln und so ohne weiteres reinspaziert kommen? Wo denkst du hin?

Nat Hören Sie mal zu, Mister, es ist sehr spät.

Tod Ja. Okay, du möchtest gehen?

Nat Gehen? Wohin?

Tod In den Tod. Weg für immer. Ins Jenseits. In die ewigen Jagdgründe. *Besieht sich sein Knie.* Junge, Junge, das ist aber 'ne ziemlich böse Schramme. Mein erster Job, und nun kriege ich auch noch den Brand ins Bein.

Nat Warte doch einen Augenblick. Ich brauche Zeit. Ich bin noch nicht bereit zu gehen.

Tod Tut mir Leid. Da kann ich dir nicht helfen. Ich tät's gerne, aber der Augenblick ist gekommen.

Nat Wie kann denn der Augenblick gekommen sein? Ich habe mich doch gerade erst mit Dernier Cri & Co. zusammengeschlossen.

Tod Was macht das schon, ein paar Kröten mehr oder weniger.

Nat Sicher, was interessiert das dich? Euch Burschen werden wahrscheinlich alle Spesen gezahlt.

Tod Willst du jetzt mitkommen?

Nat *sieht ihn aufmerksam an* Tut mir Leid, aber ich kann's nicht glauben, dass du der Tod bist.

Tod Warum denn? Was hast du erwartet – vielleicht Rock Hudson?

Nat Nein, es ist nicht das.

Tod Tut mir Leid, wenn ich dich enttäuscht habe.

Nat Reg dich nicht auf. Ich weiß halt nicht, ich dachte immer, du wärst … äh … größer.

Tod Ich bin einsfünfundsiebzig. Das ist der richtige Durchschnitt bei meinem Gewicht.

Nat Du siehst ein bisschen wie ich aus.

Tod Wem sollte ich denn sonst ähnlich sehen? Ich bin dein Tod.

Nat Gib mir etwas Zeit. Noch einen Tag.

Tod Ich kann doch nicht. Was soll ich dir denn sagen?

Nat Noch einen Tag. Vierundzwanzig Stunden.

Tod Wozu willst du die? Das Radio hat für morgen Regen gemeldet.

Nat Kann man da nichts machen?

Tod Nämlich was?

Nat Spielst du Schach?

Tod Nein, tue ich nicht.

Nat Ich habe mal ein Bild von dir gesehen, da spielst du Schach.

Tod Das bin ich nicht gewesen, weil ich nicht Schach spiele. Kutscherrommé vielleicht.

Nat Du spielst Kutscherrommé?

Tod Ob ich Kutscherrommé spiele? Ist Paris 'ne Stadt?

Nat Du bist da gut drin, was?

Tod Sehr gut.

Nat Ich sag dir, was ich mache …

Tod Versuch nicht, mit mir zu handeln.

Nat Ich spiele Kutscherrommé mit dir. Wenn du gewinnst, komme ich sofort mit. Wenn ich gewinne, gibst du mir noch etwas Zeit. Ein kleines bisschen … einen Tag noch.

Tod Wer hat denn schon Zeit zum Rommméspielen!?

Nat Na los. Du bist doch so gut da drin.

Tod Andererseits hätte ich schon mal Lust zu 'm Spielchen …

Nat Komm schon. Sei kein Frosch. Wir spielen 'ne halbe Stunde.

Tod Ich sollte das wirklich nicht.

Nat Ich habe die Karten hier. Mach doch keinen Aufstand.

Tod In Ordnung, also los. Wir spielen ein bisschen. Das wird mich beruhigen.

Nat holt Karten, Notizblock und Bleistift Du wirst es nicht bereuen.

Tod Red nicht wie ein Hausierer. Nimm die Karten und gib mir 'ne Limo und stell was Schönes zum Knabbern hin. Du lieber Himmel, da platzt dir 'n Fremder ins Haus, und du hast keine Kartoffelchips oder Brezeln da.

Nat Unten auf einer Schüssel liegen Gummibärchen.

Tod Gummibärchen. Und was, wenn der Präsident käme? Bekäme der auch Gummibärchen?

Nat Du bist nicht der Präsident.

Tod Teil aus.

Nat teilt aus und deckt eine Fünf auf.

Nat Möchtest du um einen Zehntelcent pro Punkt spielen, damit es interessanter ist?

Tod Ist es für dich noch nicht interessant genug?

Nat Ich spiele besser, wenn's um Geld geht.

Tod Wie du meinst, Newt.

Nat Nat. Nat Ackermann. Weißt du denn meinen Namen nicht?

Tod Newt, Nat – ich habe solches Kopfweh.

Nat Willst du die Fünf?

Tod Nein.

Nat Dann nimm.

Tod mustert die Karten in seiner Hand, während er nimmt Lieber Gott, ich habe bloß Luschen.

Nat Wie ist er eigentlich?

Tod Wie ist wer eigentlich?

Während des Folgenden nehmen sie Karten auf und legen sie ab.

Nat Der Tod.

Tod Wie sollte er schon sein? Du fällst um.

Nat Ist irgendwas danach?

Tod Aha, du sammelst Zweien!

Nat Ich fragte etwas. Ist etwas danach?

Tod geistesabwesend Das wirst du sehen.

Nat Oh, dann werde ich tatsächlich etwas sehen?

Tod Na ja, vielleicht hätte ich's nicht so ausdrücken sollen. Spiel aus.

Nat Von dir 'ne Antwort zu kriegen, ist ganz schön schwierig.

Tod Ich spiele Karten.

Nat Okay, spiel nur, spiel nur.

Tod Unterdessen lege ich dir eine Karte nach der anderen hin.

Nat Du darfst die abgelegten Karten nicht durchsehen.

Tod Ich guck sie mir ja nicht an. Ich mach sie nur gerade. Welches war die Klopfkarte?

Nat Vier. Kannst du denn schon klopfen?

Tod Wer sagt denn, dass ich schon klopfen möchte? Alles, was ich gefragt habe, war, welches die Klopfkarte war.

Nat Und alles, was ich gefragt habe, war, ob es für mich was gibt, worauf ich hoffen kann.

Tod Spiel doch.

Nat Kannst du mir denn gar nichts sagen? Wo gehen wir hin?

Tod Wir? Um dir die Wahrheit zu sagen, *du* klappst zu

einem krumpeligen Häufchen auf dem Fußboden zusammen.

Nat Oje, ich kann's nicht abwarten. Wird's wehtun?

Tod Es ist in einer Sekunde vorbei.

Nat Na, fabelhaft! Seufzt. Das fehlte mir noch. Da schließt man sich mit Dernier Cri & Co. zusammen …

Tod Wie ist es mit der Vier?

Nat Klopfst du?

Tod Reichen vier Punkte?

Nat Nein, ich habe zwei mehr.

Tod Du bluffst.

Nat Nein, du verlierst.

Tod Maria und Josef, und ich dachte, du sammelst Sechsen.

Nat Nein. Du teilst aus. Zwanzig Punkte und zwei Kästchen. Fang an! Der Tod teilt aus. Ich muss also auf den Fußboden fallen, wie? Ich kann nicht am Sofa stehen, wenn's passiert?

Tod Nein. Spiel!

Nat Warum denn nicht?

Tod Weil du auf den Fußboden fällst! Lass mich in Ruhe. Ich versuche, mich zu konzentrieren.

Nat Warum muss es denn bloß auf den Fußboden sein? Das ist ja alles, was ich sage! Warum kann das Ganze nicht passieren, wenn ich direkt neben dem Sofa stehe?

Tod Ich werde mein Bestes tun. Können wir jetzt spielen?

Nat Das ist ja alles, was ich wissen will. Du erinnerst mich an Moe Lefkowitz, der ist auch so stur.

Tod Ich erinnere ihn an Moe Lefkowitz. Ich bin eine der schrecklichsten Gestalten, die man sich nur vorstellen kann, und ihn erinnere ich an Moe Lefkowitz. Was ist der denn? Pelzhändler?

Nat So ein Pelzhändler solltest du sein! Der ist seine achtzigtausend im Jahr wert. Posamentierwaren. Er hat 'ne eigene Fabrik. Zwei Punkte.

Tod Was?

Nat Zwei Punkte. Ich klopfe. Was hast du in der Hand?

Tod Ich hab' mehr Miese als 'ne Korbballmannschaft.

Nat Und alles Pik.

Tod Wenn du bloß nicht so viel reden würdest.

Sie geben wieder Karten und spielen weiter.

Nat Was meintest du vorhin, als du sagtest, das wäre dein erster Job?

Tod Wie hört sich das denn an?

Nat Willst du damit sagen – dass niemand jemals vorher wegmusste?

Tod Natürlich mussten sie. Aber ich habe sie nicht geholt.

Nat Und wer dann?

Tod Andere.

Nat Es gibt noch andere?

Tod Klar. Jeder hat seine eigene ganz persönliche Art abzutreten.

Nat Das wusste ich nicht.

Tod Warum solltest du das auch wissen. Wer bist du schon?!

Nat Was meinst du, wer ich bin? Warum – bin ich nichts?

Tod Nicht nichts. Du bist Kleiderfabrikant. Woher hast du eigentlich deine Kenntnisse von den ewigen Mysterien?

Nat Wovon sprichst du? Ich mache 'ne schöne Menge Dollars. Meine zwei Kinder waren auf dem College.

Mein Sohn ist bei der Werbung, meine Tochter verheiratet. Ich habe ein eigenes Haus. Ich fahre einen Chrysler. Meine Frau hat, was sie will. Hausmädchen, Nerzmantel, Ferien. Gerade eben ist sie am Eden Roc. Fünfzig Dollar pro Tag, weil sie in der Nähe ihrer Schwester sein möchte. Ich soll nächste Woche auch hinkommen, also, was denkst du, wer ich bin – irgendein Nebbich von der Straße?

Tod Okay, okay. Sei bloß nicht so empfindlich.

Nat Wer ist denn hier empfindlich?

Tod Und wie würde es dir gefallen, wenn man *dich* so ohne weiteres beleidigte?

Nat Habe ich dich beleidigt?

Tod Hast du nicht gesagt, du wärst von mir enttäuscht?

Nat Was erwartest du denn? Möchtest du, dass ich für dich das ganze Viertel zu 'ner Party einlade?

Tod Davon rede ich ja nicht. Ich meine mich persönlich. Ich bin zu klein, ich bin dies, ich bin jenes.

Nat Ich sagte, du sähest wie ich aus. Es ist wie ein Spiegelbild.

Tod Okay, teil aus, teil aus.

Sie spielen weiter, während langsam Musik aufklingt und die Lichter dunkler werden, bis es völlig duster ist. Langsam werden die Lichter wieder heller, es ist nun später, und das Spiel ist aus. Nat prüft das Ergebnis.

Nat Achtundsechzig … einsfuffzig … Tja, du hast verloren.

Tod guckt enttäuscht den Kartenstapel durch Ich wusste's ja, dass ich die Neun nicht abwerfen dürfte. Verdammt noch mal.

Nat Also dann, bis morgen.

Tod Was meinst du mit «bis morgen»?

Nat Ich habe den Extratag gewonnen. Lass mich jetzt allein.

Tod Du hast das ernst gemeint?

Nat Wir hatten doch 'ne Abmachung.

Tod Ja, aber …

Nat Komm mir nicht mit «aber». Ich habe vierundzwanzig Stunden gewonnen. Komm morgen wieder.

Tod Ich wusste nicht, dass wir wirklich um Zeit spielen.

Nat Tut mir Leid für dich. Du solltest besser aufpassen.

Tod Wo gehe ich denn jetzt für vierundzwanzig Stunden hin?

Nat Was geht mich das an? Hauptsache, ich habe einen Tag gewonnen.

Tod Was meinst du, was ich tun soll – durch die Straßen spazieren?

Nat Nimm dir ein Hotelzimmer und sieh dir 'n Film an. Geh in die Sauna. Aber mach bloß keine nationale Sache daraus.

Tod Zähl die Punkte noch mal zusammen.

Nat Außerdem schuldest du mir achtundzwanzig Dollar.

Tod Waaaas?

Nat Das ist schon in Ordnung, Freundchen. Hier hast du's – lies.

Tod sucht in seinen Taschen Ich hab 'n paar Dollar, aber keine achtundzwanzig.

Nat Ich nehm auch 'n Scheck.

Tod Und von welchem Konto?

Nat Da kann man mal sehen, mit wem ich's zu tun habe.

Tod Verklag mich doch. Wo bitte soll ich denn ein Girokonto unterhalten?

Nat Okay, gib mir, was du hast, und wir wollen annehmen, wir sind quitt.

Tod Hör mal, ich brauche das Geld.

Nat Wofür solltest du Geld brauchen?

Tod Weißt du, wovon du redest? Du sollst ins Jenseits.

Nat Und?

Tod Und – weißt du, wie weit das ist?

Nat Und?

Tod Und wovon bezahle ich das Benzin? Und die Autobahngebühren?

Nat Wir fahren also mit dem Auto?

Tod Du wirst es schon erfahren *Beunruhigt.* Schau mal – ich komme morgen wieder, dann gibst du mir aber die Chance, das Geld zurückzugewinnen. Sonst sitze ich wirklich in der Tinte.

Nat Alles, was du willst. Wir spielen ums Doppelte oder gar nicht. Ich muss eine Extrawoche oder einen ganzen Monat gewinnen. Und so, wie du spielst, vielleicht Jahre.

Tod Solange sitze ich auf dem Trockenen.

Nat Bis morgen.

Tod *der von Nat langsam zum Ausgang gedrängt wird* Wo finde ich ein gutes Hotel? Was rede ich von einem Hotel, ich habe ja kein Geld. Ich setze mich in den Bahnhofswartesaal. *Er greift nach der Zeitung.*

Nat Raus. Raus! Das ist meine Zeitung. *Er nimmt sie ihm wieder ab.*

Tod *beim Hinausgehen* Warum konnte ich ihn nicht einfach mitnehmen und gehen! Aber ich musste mich auf Rommé einlassen!

Nat ruft ihm hinterher Und sei vorsichtig, wenn du die Treppe runtergehst. Bei der einen Stufe ist der Teppich lose!

Und wie aufs Stichwort hört man ein schreckliches Krachen. Nat seufzt, dann geht er an den Nachttisch hinüber und telefoniert.

Nat Hallo, Moe? Ich bin's. Hör mal, ich weiß nicht, ob mir jemand einen Streich spielt oder was, aber der Tod war eben hier. Wir haben ein bisschen Rommé gespielt … Nein, der *Tod*. Persönlich. Oder jemand, der behauptet, er ist der Tod. Aber, Moe, der ist so *meschugge*!

Vorhang

Die Schriftrollen

Wissenschaftler werden sich erinnern, dass vor mehreren Jahren ein Schafhirt beim Herumwandern am Golf von Akaba zufällig auf eine Höhle stieß, die mehrere große Tonkrüge und zwei Eintrittskarten für das Eisballett enthielt. In den Krügen wurden sechs Pergamentrollen mit alter unverständlicher Schrift entdeckt, die der Schafhirt in seiner Unwissenheit für 750 000 Dollar pro Stück ans Museum verkaufte. Zwei Jahre später tauchten die Krüge in einer Pfandleihe in Philadelphia auf. Ein Jahr darauf tauchte der Schafhirt in einer Pfandleihe in Philadelphia auf, und auf beide erhob niemand Anspruch.

Ursprünglich setzten die Archäologen das Entstehungsdatum der Rollen bei 4000 v. Chr. an, oder sofort nach der Abschlachtung der Israeliten durch ihre Wohltäter. Der Text ist eine Mischung aus Sumerisch, Aramäisch und Babylonisch und scheint entweder von einem Einzigen über eine lange Zeitspanne hin niedergeschrieben worden zu sein oder von mehreren, die nacheinander denselben Anzug trugen. Die Echtheit der Rollen unterliegt gegenwärtig großem Zweifel, besonders weil das Wort «Volkswagen» mehrere Male im Text erscheint, und die wenigen Fragmente, die endlich übersetzt worden sind, behandeln vertraute religiöse Themen in einer mehr als zweifelhaften Weise. Dennoch hat der Grabungsexperte A. H. Bauer bemerkt, dass, obwohl die Fragmente kompletter Schwindel zu sein scheinen, es sich bei ihnen wahrscheinlich um den bedeutendsten archäologischen Fund der Geschichte handelt, wenn man von der Wiederentdeckung seiner Manschettenknöpfe in einem Jerusalemer Grab absieht. Es folgen die übersetzten Fragmente.

Eins ... Und der Herr machte eine Wette mit Satan, Jobs Treue auf die Probe zu stellen, und der Herr schlug ihn, für Job aus keinem ersichtlichen Grund, auf den Kopf und wiederum aufs Ohr und stieß ihn in eine dicke Soße, um zu machen, dass Job klebrig und eklig sei, und dann tötete Er den zehnten Teil von Jobs Herde, und Job rief aus: «Warum tötest du meine Herde? Vieh ist schwer zu bekommen. Nun bin ich knapp an Vieh und weiß nicht einmal mehr genau, was Vieh ist.» Und der Herr zog zwei steinerne Tafeln hervor und schmetterte sie zusammen, und Jobs Nase war dazwischen. Da Jobs Weib dieses sah, weinte sie, und der Herr sandte einen Engel der Barmherzigkeit, der polierte ihr den Kopf mit einem Poloschläger, und von den zehn Plagen schickte der Herr die Nummern eins bis sechs inklusive, und Job ward sauer und sein Weib böse, und sie zerriss ihre Tracht, so gab es Zwietracht um die Mieterhöhung, weil sie nicht renovieren wollte.

Und alsbald verdorrten Jobs Weiden, und seine Zunge klebte ihm am Gaumen fest, also konnte er das Wort «Weihrauch» nicht aussprechen, ohne dass er furchtbar lachen musste.

Und als der Herr einst seine Zerstörungswut an seinem getreuen Knecht ausließ, kam Er ihm zu nahe, und Job packte ihn im Genick und sagte: «Aha! Jetzt habe ich dich! Warum reitest du Job so auf den Nerven rum, was? Was? Rede!»

Und der Herr sprach: «Äh, sieh mal – das ist mein Genick, was du gepackt hast … Könntest du mich loslassen?»
Job aber zeigte kein Mitleid und sagte. «Es ging mir sehr gut, bis du vorbeikamst. Ich hatte Myrrhe und Feigenbäume im Überfluss und einen bunten Rock mit zwei Paar bunten Hosen. Sieh dir das jetzt an.»
Und der Herr redete und seine Stimme donnerte: «Muss ich, der Himmel und Erde schuf, dir meine Wege erklären? Was hast du geschaffen, dass du mich zu verhören wagst?»
«Das ist keine Antwort», sagte Job, «und als einem, der für allmächtig gehalten wird, lass mich dir sagen, Tabernakel wird bloß mit einem l geschrieben.» Dann fiel Job auf seine Knie und schrie zum Herrn: «Dein ist das Reich und die Macht und die Herrlichkeit. Du hast einen guten Job. Vermassel ihn dir nicht.»

Zwei … Und Abraham erwachte in der Mitte der Nacht und sprach zu seinem einzigen Sohn, Isaak: «Ich habe einen Traum gehabt, in dem die Stimme des Herrn sagte, dass ich meinen einzigen Sohn opfern solle, also zieh dir deine Hosen an.» Und Isaak zitterte und sprach: «Und was sagtest du da? Ich meine, als Er die ganze Sache zur Sprache brachte?»
«Nu, was soll ich fragen?», sagte Abraham. «Ich stehe da um zwei Uhr nachts in meinen Unterhosen vor dem Schöpfer des Universums. Sollte ich streiten?»
«Also, hat Er gesagt, warum Er mich geopfert haben will?», fragte Isaak seinen Vater.
Aber Abraham sagt: «Die Gläubigen fragen nicht. Lass uns jetzt gehen, denn morgen habe ich einen schweren Tag.»
Und Sarah, die von Abrahams Absicht hörte, wurde ärgerlich und sprach: «Weißt du denn, dass es der Herr war und

nicht, sagen wir, dein Freund, der derbe Scherze liebt, denn der Herr hasst derbe Scherze, und wer immer auch jemanden durch den Kakao zieht, soll in die Hände seiner Feinde geliefert werden, ob sie die Zustellung bezahlen können oder nicht.» Und Abraham antwortete: «Weil ich weiß, es war der Herr. Es war eine tiefe, klangvolle, melodische Stimme, und niemand in der ganzen Wüste kann sie so zum Dröhnen bringen.»

Und Sarah sprach: «Und du bist willens, diese sinnlose Tat auszuführen?» Aber Abraham sagte zu ihr: «Offen gesagt, ja; denn das Wort des Herrn in Frage zu stellen ist das Schlimmste, was jemand tun kann, besonders bei der gegenwärtigen wirtschaftlichen Lage.»

Und also brachte er Isaak an einen gewissen Ort und bereitete sich vor, ihn zu opfern. Aber im letzten Augenblick hielt der Herr Abrahams Hand auf und sprach: «Wie konntest du solches tun?»

Und Abraham sprach: «Aber du hast doch gesagt …»

«Kümmer dich nicht darum, was ich gesagt habe», sprach der Herr. «Hörst du auf jede verrückte Idee, die dir über den Weg läuft?» Und Abraham schämte sich: «Äh – nicht richtig … nein.»

«Ich mache aus Spaß den Vorschlag, dass du Isaak opferst, und du rennst sofort los und tust es.»

Und Abraham fiel auf seine Knie: «Sieh doch, ich weiß nie, wann du Spaß machst.»

Und der Herr donnerte: «Kein Sinn für Humor. Ich kann's nicht glauben.»

«Aber beweist das nicht, dass ich dich liebe, wenn ich willens war, meinen einzigen Sohn deiner Laune zum Geschenk zu machen?»

Und der Herr sprach: «Das beweist, dass einige Menschen jedem Befehl folgen, ganz egal, wie kreuzdämlich er ist, solange er von einer wohlklingenden, melodischen Stimme kommt.» Und damit bat der Herr Abraham, sich etwas auszuruhen und ihn morgen wieder anzurufen.

Drei ... Und es geschah, dass ein Mann, der Hemden verkaufte, von schweren Zeiten heimgesucht ward. Weder lief irgendetwas von seinen Waren, noch hatte er Glück. Und er betete und sprach: «Herr, warum hast du mich aufgespart, um mich so leiden zu lassen? Alle meine Feinde verkaufen ihre Ware, nur ich nicht. Und wir sind mitten in der Saison. Meine Hemden sind gute Hemden. Wirf nur einen Blick auf diese Kunstseide. Ich habe welche mit festgeknöpften Kragen, mit offenen Kragen, nichts verkauft sich. Dennoch habe ich deine Gebote gehalten. Warum kann ich nicht mein Brot verdienen, wenn mein jüngerer Bruder in der Kinder-Fertigkleider-Branche seinen Rebbach macht?»
Und der Herr erhörte den Mann und sprach: «Zu deinen Hemden ...»
«Ja, Herr», sagte der Mann und fiel auf die Knie.
«Näh einen Alligator auf die Tasche.»
«Wie meinst du, Herr?»
«Tu nur, was ich dir sage. Dich wird's nicht reuen.»
Und der Mann nähte an alle seine Hemden ein kleines Alligatorzeichen, und siehe da!, plötzlich gingen seine Hemden wie die Feuerwehr, und es herrschte große Freude, während bei seinen Feinden war Heulen und Zähneklappern, und einer sprach: «Der Herr ist barmherzig. Er heißt mich, auf grünen Matten zu liegen. Das Problem ist, ich komm nicht hoch.»

Regeln und Sprüche

Gemeinheiten zu tun ist gegen das Gesetz, besonders, wenn die Gemeinheiten getan werden, wenn man ein Hummerlätzchen trägt.

Löwe und Kalb werden beisammenliegen, aber das Kalb wird nicht viel Schlaf kriegen.

Wer nicht durch das Schwert oder den Hunger umkommt, wird durch die Pest umkommen, warum sich also rasieren?

Die Gottlosen wissen wahrscheinlich im Grunde ihres Herzens irgendwas.

Wer die Weisheit liebt, ist redlich, aber wer Umgang mit Hühnern pflegt, ist seltsam.

Mein Gott, mein Gott! Was hast du getan, so in letzter Zeit?

Das Zwischenspiel mit Kugelmass

Kugelmass, Professor der klassischen Philologie am City College, war zum zweiten Mal unglücklich verheiratet. Daphne Kugelmass war eine dumme Gans. Außerdem hatte er von seiner ersten Frau, Flo, zwei beschränkte Söhne und steckte bis zum Hals in Unterhaltszahlungen für Frau und Kinder.

«Konnte ich wissen, dass es so schlimm käme?», jammerte Kugelmass eines Tages seinem Analytiker vor. «Daphne war so vielversprechend. Wer konnte ahnen, dass sie sich so gehen ließe und schwellen würde wie ein Strandball? Obendrein hatte sie ein bisschen Kohle auf der hohen Kante, was an und für sich kein hinreichender Grund ist, einen Menschen zu heiraten, aber es tut nicht weh bei den Betriebskosten, die ich habe. Wissen Sie, worauf ich hinauswill?»

Kugelmass war kahl und vital wie ein Bär, aber er hatte Gemüt.

«Ich muss eine neue Frau kennen lernen», fuhr er fort, «ich muss unbedingt ein Verhältnis haben. Ich sehe vielleicht nicht so aus, aber ich bin ein Mensch, der Romantik braucht. Ich brauche Sanftmut, ich brauche den Flirt. Ich werde nicht jünger, und darum will ich, ehe es zu spät ist, in Venedig noch mal die Liebe spüren, im ‹21› Bonmots austauschen und bei Rotwein und Kerzenlicht scheue Blicke wechseln. Verstehen Sie, was ich meine?»

Dr. Mandel rutschte in seinem Sessel hin und her und sagte: «Eine Affäre würde gar nichts lösen. Sie sind so unrealistisch. Ihre Probleme liegen viel tiefer.»

«Und diese Affäre müsste auch diskret vonstatten gehen», fuhr Kugelmass fort. «Ich kann mir keine zweite Scheidung leisten. Daphne würde wirklich hemmungslos über mich herfallen.»

«Mr. Kugelmass –»

«Aber es darf niemand am City College sein, denn Daphne arbeitet auch dort. Nicht dass irgendjemand an der Fakultät im C. C. N. Y. der große Schlaganfall wäre, aber ein paar von den Studentinnen …»

«Mr. Kugelmass –»

«Helfen Sie mir. Ich hatte letzte Nacht einen Traum. Ich hüpfte mit einem Picknickkorb in der Hand über eine Wiese, und auf dem Korb stand ‹Alternativen›. Und dann sah ich, dass der Korb ein Loch hatte.»

«Mr. Kugelmass, das Schlimmste, was Sie tun könnten, wäre, diese Sache auszuleben. Sie müssen Ihren Gefühlen einzig und allein hier Ausdruck geben, wo wir sie dann zusammen analysieren. Sie sind lange genug in Behandlung, um zu wissen, dass es keine Heilung über Nacht gibt. Ich bin schließlich Analytiker und kein Zauberer.»

«Dann brauche ich vielleicht einen Zauberer», sagte Kugelmass und erhob sich aus seinem Sessel. Und damit beendete er seine Therapie.

Ein paar Wochen später, als Kugelmass und Daphne eines Abends wieder einmal wie zwei alte Möbelstücke trübsinnig in ihrer Wohnung rumhingen, klingelte das Telefon.

«Ich geh ran», sagte Kugelmass. «Hallo?»

«Kugelmass?», sagte eine Stimme. «Kugelmass, hier spricht Persky.»

«Wer?»
«Persky. Oder sollte ich sagen: der Große Persky?»
«Wie bitte?»
«Ich höre, Sie suchen in der ganzen Stadt nach einem Zauberer, der 'n bisschen was Exotisches in Ihr Leben bringt. Ja oder nein?»
«Schschsch», flüsterte Kugelmass. «Legen Sie nicht auf. Von wo rufen Sie an, Persky?»
Am frühen Nachmittag des folgenden Tages stieg Kugelmass drei Treppen in einem heruntergekommenen Appartmenthaus in dem Bushwick genannten Teil Brooklyns hinauf. Er spähte durch die Dunkelheit des Korridors, fand die Tür, die er suchte, und drückte auf die Klingel. Das werde ich noch bereuen, dachte er bei sich. Augenblicke später wurde er von einem kleinen, dünnen, wachsgesichtigen Mann begrüßt.
«Sie sind Persky der Große?», fragte Kugelmass.
«Der Große Persky. Möchten Sie Tee?»
«Nein, ich möchte Romantik. Ich möchte Musik. Ich möchte Liebe und Schönheit.»
«Aber keinen Tee, hä? Erstaunlich. Okay, setzen Sie sich.»
Persky ging ins Hinterzimmer, und Kugelmass hörte, wie Kisten und Möbel herumgeschoben wurden. Persky erschien wieder und schob einen großen Gegenstand auf quietschenden Rollen vor sich her. Er nahm ein paar alte seidene Tücher ab, die darauf lagen, und blies etwas Staub weg. Es war ein billig aussehendes, schlecht lackiertes chinesisches Schränkchen.
«Persky», sagte Kugelmass, «was führen Sie im Schilde?»
«Passen Sie auf», sagte Persky. «Das ist eine wunderbare Erfindung. Ich habe sie mir letztes Jahr für ein Treffen der

‹Ritter des Pythias› ausgedacht, aber das Engagement ist geplatzt. Steigen Sie in den Schrank.»

«Wieso denn? Damit Sie ihn mit lauter Schwertern oder sonst was durchbohren können?»

«Sehen Sie irgendwelche Schwerter?»

Kugelmass zog ein Gesicht und kletterte in das Schränkchen. Wohl oder übel nahm er Notiz von ein paar hässlichen falschen Steinen, die vor seiner Nase auf das rohe Sperrholz geklebt waren. «Wenn das ein Witz sein soll», sagte er.

«Jaja, ein Witz. Also hier ist der springende Punkt. Wenn ich irgendeinen Roman zu Ihnen in den Schrank werfe, die Tür zumache und dreimal draufklopfe, finden Sie sich in das betreffende Buch versetzt.»

Kugelmass verzog ungläubig das Gesicht.

«Das ist das Ding des Jahrhunderts», sagte Persky. «Meine Hand drauf. Und nicht bloß ein Roman. Eine Kurzgeschichte, ein Drama, ein Gedicht. Sie können alle Frauen kennen lernen, die die besten Schriftsteller der Welt geschaffen haben. Ganz gleich, von welcher Sie geträumt haben. Sie können mit 'ner richtigen Bestsellertante alles machen, was Sie wollen. Und wenn Sie dann genug haben, stoßen Sie einen Schrei aus, und ich sehe Sie im Bruchteil einer Sekunde wieder hier.»

«Persky, sind Sie aus einer Anstalt entwichen?»

«Ich sage Ihnen, es ist 'ne absolut ehrliche Sache.»

Kugelmass war immer noch skeptisch. «Was erzählen Sie mir hier – dass diese lumpige selbst gezimmerte Kiste mich auf eine Reise schicken kann, wie Sie sie mir schildern?»

«Für zwanzig Eier.»

Kugelmass griff nach seiner Brieftasche. «Ich glaub das erst, wenn ich's sehe», sagte er.

Persky steckte die Geldscheine in seine Hosentasche und drehte sich zu seinem Bücherschrank um. «Also, wen wollen Sie kennen lernen? Schwester Carry? Hester Prynne? Ophelia? Vielleicht irgendeine von Saul Bellow? He, wie wär's mit Temple Drake? Aber für einen Mann Ihres Alters wäre sie vielleicht 'ne zu große Schinderei.»

«Eine Französin. Ich möchte 'ne Geschichte mit 'ner französischen Geliebten haben.»

«Nana?»

«Ich will doch nicht dafür bezahlen.»

«Wie wäre es mit Natascha aus *Krieg und Frieden*?»

«Ich sagte Französin. Ich weiß was! Wie wäre es mit Emma Bovary? Die wäre vielleicht genau die Richtige.»

«Ausgezeichnet, Kugelmass. Rufen Sie mich, wenn Sie genug haben.» Persky pfefferte eine Taschenbuchausgabe von Flauberts Roman in die Kiste.

«Sind Sie sicher, dass das ungefährlich ist?», fragte Kugelmass, als Persky die Türen des Schränkchens schließen wollte.

«Ungefährlich? Gibt's was Ungefährliches auf dieser verrückten Welt?» Persky klopfte dreimal auf den Schrank und riss die Türen auf.

Kugelmass war weg. Im gleichen Augenblick tauchte er im Schlafzimmer in Charles und Emma Bovarys Haus in Yonville auf. Vor ihm stand eine schöne Frau mit dem Rücken zu ihm und legte Wäsche. Ich kann's nicht glauben, dachte Kugelmass und starrte auf des Landarzts hinreißende Frau. Das ist ja unheimlich. Ich bin hier. Es ist sie.

Emma drehte sich überrascht um. «Goodness, you startled me – du meine Güte, Sie haben mich aber erschreckt», sagte sie. «Who are you – Wer sind Sie denn?» Sie sprach das gleiche feine Englisch wie das der Übersetzung der Taschenbuchausgabe.

Das ist einfach überwältigend, dachte er. Als er schließlich dahinter kam, dass er es war, den sie angeredet hatte, sagte er: «Entschuldigung. Ich bin Sidney Kugelmass. Ich bin vom City College. Professor der klassischen Philologie. C. C. N. Y. Beste Gegend. Ich – o Jungejunge!»

Emma Bovary lächelte kokett und sagte: «Hätten Sie gern etwas zu trinken? Vielleicht ein Gläschen Wein?»

Sie ist schön, dachte Kugelmass. Was für ein Unterschied zu dieser Neandertalerin, mit der er sein Bett teilte! Er verspürte plötzlich den Drang, diese Vision in die Arme zu nehmen und ihr zu sagen, dass er von einer Frau wie ihr schon sein ganzes Leben lang träume.

«Ja, etwas Wein», sagte er heiser. «Weißen. Nein, roten. Nein, weißen. Ja, bitte weißen.»

«Charles ist den ganzen Tag fort», sagte Emma, und ihre Stimme war voll mutwilligen Hintersinns.

Nach dem Wein machten sie sich zu einem kleinen Spaziergang über das liebliche französische Land auf. «Immer habe ich davon geträumt, es erschiene irgendein geheimnisvoller Fremdling und entrisse mich der Monotonie dieses unkultivierten Landlebens», sagte Emma, die seine Hand umklammert hielt. Sie gingen an einer kleinen Kirche vorüber. «Mir gefällt, was Sie anhaben», murmelte sie. «Ich habe hier in der Gegend noch nie so etwas gesehen. Es ist so … so modern.»

«Es nennt sich Freizeitanzug», sagte er romantisch. «Er war heruntergesetzt.» Plötzlich küsste er sie. Die nächste Stunde lagerten sie unter einem Baum, flüsterten miteinander und sagten sich ungeheuer bedeutungsvolle Dinge mit

den Augen. Dann setzte Kugelmass sich auf. Ihm war gerade eingefallen, dass er mit Daphne bei Bloomingdale's verabredet war. «Ich muss gehen», sagte er zu ihr, «aber sei unbesorgt, ich komme wieder.»
«Das hoffe ich», sagte Emma.
Er umarmte sie leidenschaftlich, dann gingen sie zum Haus zurück. Er hielt Emmas Gesicht in seinen Händen, küsste sie noch mal und schrie: «Okay, Persky! Um halb vier muss ich bei Bloomingdale's sein!»
Es machte hörbar Peng, und Kugelmass war wieder in Brooklyn.
«Na, habe ich gelogen?», fragte Persky triumphierend.
«Ach Persky, nun komm ich schon zu spät zur Lexington Avenue zur Verabredung mit meinem Klotz am Bein, aber wann kann ich wieder auf die Reise gehen? Morgen?»
«Es soll mir ein Vergnügen sein. Bringen Sie bloß einen Zwanziger mit. Und sagen Sie kein Wort zu irgendjemandem.»
«Klar. Rupert Murdoch werde ich anrufen.»
Kugelmass schnappte sich ein Taxi und raste in die Stadt. Sein Herz tanzte Spitze. Ich bin verliebt, dachte er, ich bin Besitzer eines wundervollen Geheimnisses. Was er nicht bemerkte, war, dass genau in diesem Augenblick Schüler in allen möglichen Klassenzimmern im ganzen Land zu ihren Lehrern sagten: «Wer ist denn bloß diese Figur auf Seite 100? Ein glatzköpfiger Jude küsst Madame Bovary?» Ein Lehrer in Sioux Falls in South Dakota seufzte und dachte, lieber Gott, diese Kinder mit ihrem Pot und LSD. Was geht nur in ihren Köpfen vor!
Daphne Kugelmass war bei Bloomingdale's in der Abteilung Badezimmer-Bedarf, als Kugelmass atemlos eintraf.

«Wo bist du denn gewesen?», schnappte sie giftig. «Es ist halb fünf.»
«Ich bin im Verkehr aufgehalten worden», sagte Kugelmass. Er suchte Persky am nächsten Tag wieder auf und war schon in wenigen Minuten wieder auf magische Weise nach Yonville entschwunden. Emma konnte, als sie ihn sah, ihre Erregung nicht verbergen. Sie verbrachten Stunden miteinander, in denen sie lachten und sich gegenseitig ihre Geschichte erzählten. Ehe Kugelmass wieder ging, schliefen sie miteinander. «Mein Gott, ich treib's mit Madame Bovary!», flüsterte Kugelmass im Stillen. «Ich, der ich im ersten Semester Englisch durchgefallen bin.»
Im Laufe der Monate sah Kugelmass Persky viele Male und bekam zu Emma Bovary ein enges, leidenschaftliches Verhältnis. «Sorgen Sie dafür, dass ich immer vor Seite 120 in das Buch komme», sagte Kugelmass eines Tages zu dem Zauberer, «ich will ihr nur begegnen, bevor sie sich mit diesem Rodolphe einlässt.»
«Warum?», fragte Persky. «Können Sie ihn denn nicht ausstechen?»
«Ausstechen? Er ist Landadliger. Diese Burschen haben nichts Besseres zu tun, als zu flirten und auf Pferden herumzureiten. Für mich ist er eins von diesen Gesichtern, die man in *Women's Wear Daily* sehen kann. Mit dieser Helmut-Berger-Frisur. Aber für sie ist er 'ne heiße Nummer.»
«Und ihr Mann hat keinen Verdacht?»
«Er weiß sich keinen Rat. Er ist ein farbloser kleiner Landarzt, der sein Schicksal mit einer total verrückten Nudel teilen muss. Um zehn ist er so weit, dass er schlafen geht, und da zieht sie sich gerade erst die Tanzschühchen an. Na schön ... bis später.»

Und wieder stieg Kugelmass in das Schränkchen und begab sich im Nu zum Anwesen der Bovarys in Yonville. «Wie geht's dir, Zuckertörtchen?», sagte er zu Emma.
«Oh, Kugelmass», seufzte Emma. «Was muss ich erdulden! Gestern Abend beim Essen fiel der Herr Göttergatte mitten beim Nachtisch in Tiefschlaf. Ich schütte mir gerade das Herz aus über Maxim's und das Ballett, da höre ich aus heiterem Himmel Schnarchen.»
«Es ist okay, Liebling. Ich bin ja jetzt da», sagte Kugelmass und umarmte sie. Ich habe das verdient, dachte er, als er Emmas französisches Parfum roch und seine Nase in ihrem Haar vergrub. Ich habe genug gelitten. Ich habe genug Analytiker bezahlt. Ich habe gesucht bis zum Umfallen. Sie ist jung und hitzig, und ich bin hier ein paar Seiten hinter Léon und gerade vor Rodolphe. Dadurch, dass ich in den richtigen Kapiteln aufgekreuzt bin, habe ich die Situation genau in der Hand.
Emma war allerdings genauso glücklich wie Kugelmass. Es hatte sie nach Aufregungen gedürstet, und seine Erzählungen vom Nachtleben auf dem Broadway, von schnellen Autos und Hollywood- und Fernsehstars faszinierten die junge französische Schönheit.
«Erzähle mir doch wieder was von O. J. Simpson», flehte sie an diesem Abend, als sie und Kugelmass an Abbé Bournisiens Kirche vorbeispazierten.
«Was soll ich sagen? Der Mann ist phantastisch. Er stellt alle Dribbelrekorde ein. Was für Spielzüge! Keiner kommt an ihn ran.»
«Und die Oscars?», fragte Emma schmachtend. «Ich gäbe sonst was, wenn ich einen kriegen könnte.»
«Erst musst du mal nominiert werden.»

«Ich weiß. Du hast es mir erklärt. Aber ich bin überzeugt, ich kann schauspielern. Natürlich würde ich gern ein oder zwei Jahre Unterricht nehmen. Vielleicht bei Strasberg. Wenn ich dann den richtigen Agenten hätte –»

«Mal sehn, mal sehn. Ich spreche mal mit Persky.»

An dem Abend brachte Kugelmass, als er wohlbehalten in Perskys Wohnung zurückgekehrt war, die Idee zur Sprache, Emma könne auch ihn einmal in der großen Stadt besuchen.

«Darüber muss ich nachdenken», sagte Persky. «Vielleicht könnte es funktionieren. Es hat schon merkwürdigere Dinge gegeben.» Natürlich fielen beiden keine ein.

«Zum Teufel, wo gehst du eigentlich die ganze Zeit hin?», kläffte Daphne Kugelmass ihren Mann an, als er diesen Abend spät nach Hause kam. «Hast du irgendwo 'ne Pussy im Nest?»

«Na klar, ich bin genau der Typ dafür», sagte Kugelmass müde. «Ich war bei Leonard Popkin. Wir haben über die sozialistische Landwirtschaft in Polen geredet. Du kennst doch Popkin. Er ist verrückt nach diesem Thema.»

«Also, du bist seit kurzem sehr komisch», sagte Daphne. «Abweisend. Vergiss bloß den Geburtstag meines Vaters nicht. Sonnabend?»

«Na sicher, sicher», sagte Kugelmass und steuerte aufs Badezimmer zu.

«Meine ganze Familie wird da sein. Wir können die Zwillinge sehen. Und Vetter Hamish. Du solltest höflicher zu Vetter Hamish sein – er mag dich.»

«Na sicher, die Zwillinge», sagte Kugelmass und schloss die Badezimmertür, womit er das Geräusch der Stimme seiner

Frau aussperrte. Er lehnte sich gegen die Tür und holte tief Atem. In ein paar Stunden, sagte er zu sich, wäre er wieder in Yonville, wieder bei seiner Geliebten. Und diesmal, wenn alles gut ginge, brächte er Emma mit.

Am nächsten Nachmittag um Viertel nach drei ließ Persky seinen Zauber wieder wirken. Kugelmass erschien lächelnd und voll Ungeduld vor Emma. Sie verbrachten beide ein paar Stunden in Yonville bei Binet und bestiegen dann wieder die Kutsche der Bovarys. Perskys Anweisungen befolgend hielten sie sich aneinander fest, schlossen die Augen und zählten bis zehn. Als sie sie öffneten, fuhr die Kutsche gerade vor dem Nebeneingang des Plaza-Hotels vor, wo Kugelmass etwas früher an dem Tag voller Hoffnung sich hatte eine Suite reservieren lassen.

«Ich find's wundervoll! Alles ist, wie ich es mir erträumt habe», sagte Emma, während sie fröhlich im Schlafzimmer herumwirbelte und durch das Fenster einen Blick auf die Stadt warf. «Da ist F. A. O. Schwarz. Und da ist der Central Park, und das Sherry ist welches? Ach dort – ach ja. Es ist ja so himmlisch.»

Auf dem Bett lagen Schachteln von Halston und Saint Laurent. Emma wickelte ein Paket auf und hielt ein Paar schwarze Samthosen gegen ihren makellosen Körper.

«Der Hosenanzug ist von Ralph Lauren», sagte Kugelmass. «Du wirst darin wie 'ne Million Dollars aussehen. Komm her, Süße, gib uns 'n Kuss.»

«Ich war noch nie so glücklich!», quiekte Emma, als sie vor dem Spiegel stand. «Lass uns doch in die Stadt gehen. Ich möchte *Chorus Line* und das Guggenheim und diesen Jack Nicholson spielen sehen, von dem du immerfort erzählst. Gibt's irgendwelche von seinen Filmen?»

«Ich komm da nicht nach», sagte ein Professor in Stanford. «Erst eine unbekannte Gestalt namens Kugelmass, und jetzt ist *sie* plötzlich aus dem Buch verschwunden. Tja, ich nehme an, das ist das Kennzeichen eines Klassikers, dass man ihn tausendmal wiederlesen kann und immer was Neues findet.»

Die Liebenden verbrachten ein seliges Wochenende. Kugelmass hatte Daphne gesagt, er sei zu einer Tagung in Boston und komme am Montag wieder. Jeden Augenblick auskostend, gingen er und Emma ins Kino, fuhren zum Essen nach Chinatown, verbrachten zwei Stunden in einer Diskothek und gingen mit einem Fernsehfilm ins Bett. Sie schliefen am Sonntag bis Mittag, besuchten SoHo und staunten im «Elaine's» Prominente an. Sonntagabend ließen sie sich in ihrer Suite Kaviar und Champagner servieren und unterhielten sich bis zur Morgendämmerung. Im Taxi, das sie am Morgen zu Perskys Wohnung fuhr, dachte Kugelmass, es war hektisch, aber die Sache wert. Ich kann sie nicht allzu oft herholen, aber dann und wann wird es eine reizende Abwechslung zu Yonville sein.

Bei Persky kletterte Emma in das Schränkchen, verteilte ihre neuen Kleiderschachteln ordentlich um sich herum und küsste Kugelmass liebevoll. «Bis bald bei mir», sagte sie mit einem Augenzwinkern. Persky klopfte dreimal auf das Schränkchen. Nichts passierte.

«Hm», sagte Persky und kratzte sich den Kopf. Er klopfte noch mal, aber immer noch kein Zauber. «Da muss was nicht stimmen», murmelte er.

«Sie machen Witze, Persky», schrie Kugelmass, «wie kann das denn nicht funktionieren?»

«Ruhig Blut, ruhig Blut. Sind Sie noch in der Kiste, Emma?»

«Ja.»

Persky klopfte wieder – diesmal lauter.

«Ich bin immer noch da, Persky.»

«Ich weiß, meine Liebe. Rühren Sie sich nicht.»

«Persky, wir *müssen* sie wegkriegen», flüsterte Kugelmass. «Ich bin ein verheirateter Mann und habe in drei Stunden eine Vorlesung. Ich bin im Augenblick auf alles andere als eine unkalkulierbare Liebschaft eingestellt.»

«Ich begreif das nicht», sagte Persky, «das ist doch so ein verlässlicher kleiner Trick.»

Aber er konnte nichts machen. «Es wird ein kleines bisschen dauern», sagte er zu Kugelmass. «Ich muss es auseinander nehmen. Ich rufe Sie später wieder an.»

Kugelmass packte Emma in ein Taxi und fuhr mit ihr zurück ins Plaza. Er kam gerade noch rechtzeitig zu seiner Vorlesung. Den ganzen Tag hing er am Telefon, mal mit Persky, mal mit seiner Geliebten. Der Zauberer sagte ihm, es könne vielleicht mehrere Tage dauern, bis er dem Übel auf den Grund käme.

«Wie war die Tagung?», fragte ihn Daphne an dem Abend.

«Schön, schön», sagte er und zündete sich seine Zigarette am Filterende an.

«Was ist denn los? Du bist ja gereizt wie eine Katze.»

«Ich? Ha, das ist ja zum Lachen. Ich bin sanft wie eine Sommernacht. Ich geh bloß mal eben ein bisschen spazieren.» Er flitzte zur Tür raus, schnappte sich ein Taxi und eilte zum Plaza.

«Das ist ja schrecklich», sagte Emma. «Charles wird mich vermissen.»

«Sei mir nicht böse, Liebling», sagte Kugelmass. Er war bleich und schwitzte. Er küsste sie noch mal, rannte zu den Fahrstühlen, schrie mit Persky durch einen Münzfernsprecher im Plaza-Foyer und schaffte es gerade noch vor Mitternacht nach Hause.

«Popkins Meinung nach sind die Gerstenpreise in Krakau seit 1971 schon nicht mehr so stabil gewesen», sagte er zu Daphne und lächelte gezwungen, als er ins Bett stieg.

So verging die ganze Woche.

Freitagabend sagte Kugelmass zu Daphne, es gäbe schon wieder eine Tagung, an der er unbedingt teilnehmen müsse, diesmal in Syracuse. Er eilte zum Plaza zurück, aber das zweite Wochenende dort war absolut nicht wie das erste.

«Schaff mich in den Roman zurück oder heirate mich», sagte Emma zu Kugelmass. «Inzwischen will ich was arbeiten oder Unterricht nehmen, denn den ganzen Tag vor der Glotze zu sitzen ist ja die Hölle.»

«Sehr schön. Wir können das Geld gut gebrauchen», sagte Kugelmass, «du verfrisst ja zweimal so viel wie du wiegst beim Zimmerservice.»

«Ich habe gestern im Central Park einen Off-Broadway-Regisseur getroffen, und der sagte, ich könnte für ein Projekt, an dem er arbeitet, genau die Richtige sein», sagte Emma.

«Wer ist denn dieser Witzbold?», fragte Kugelmass.

«Das ist kein Witzbold. Er ist sensibel, freundlich und klug. Sein Name ist Jeff Sowieso, und er ist für die ‹Tony› vorgeschlagen.»

Später am selben Nachmittag kreuzte Kugelmass betrunken bei Persky auf.

«Ruhig Blut», sagte Persky zu ihm. «Sie kriegen noch ’n Herzinfarkt.»
«Ruhig Blut! Der Mensch sagt, ruhig Blut! Ich habe heimlich ’ne Romanfigur in einem Hotelzimmer sitzen und den Verdacht, meine Frau lässt mich von einem Privatschnüffler bespitzeln.»
«Okay, okay, wir wissen ja, dass es ein Problem gibt.» Persky krabbelte unter das Schränkchen und fing an, mit einem riesigen Schraubenschlüssel an irgendwas herumzuhämmern.
«Ich bin wie ein wildes Tier», fuhr Kugelmass fort. «Ich schleiche in der Stadt herum, und Emma und ich haben uns gegenseitig satt bis hier. Ganz abgesehen von einer Hotelrechnung, die sich wie der Verteidigungshaushalt liest.»
«Was soll ich denn tun? Das ist die Welt der Zauberei», sagte Persky, «da hängt alles von Kleinigkeiten ab.»
«Kleinigkeiten, verflucht noch mal. Ich schütte Dom Perignon und schwarze Eierchen in diese kleine Maus, obendrein ihre Garderobe, noch dazu ist sie dem Neighborhood Playhouse beigetreten und braucht mit einem Mal professionelle Fotos. Außerdem, Persky, hat Professor Fivish Kopkind, der Komp Lit lehrt und schon immer eifersüchtig auf mich gewesen ist, mich als die Gestalt identifiziert, die hin und wieder in Flauberts Buch auftaucht. Er hat gedroht, zu Daphne zu gehen. Ich sehe den Ruin und Alimente vor mir, das Gefängnis. Wegen Ehebruchs mit Madame Bovary bringt meine Frau mich an den Bettelstab.»
«Was soll ich dazu sagen, Ihrer Meinung nach? Ich arbeite Tag und Nacht an der Geschichte. Was Ihre persönlichen

Ängste angeht, da kann ich Ihnen nicht helfen. Ich bin Zauberer und kein Analytiker.»

Sonntagnachmittag schließlich war Emma so weit, dass sie sich ins Badezimmer eingeschlossen hatte und sich weigerte, auf Kugelmass' flehentliche Bitten zu antworten. Kugelmass starrte aus dem Fenster auf die Wollman-Eisbahn und dachte an Selbstmord. Zu blöde, dass das hier so ein niedriges Stockwerk ist, dachte er, sonst würde ich's auf der Stelle tun. Wenn ich mich vielleicht nach Europa absetzte und dort ein neues Leben anfinge ... Vielleicht könnte ich den *International Herald Tribune* verkaufen, wie's die jungen Mädchen immer gemacht haben.

Das Telefon klingelte. Kugelmass hob den Hörer mechanisch ans Ohr.

«Bringen Sie sie her», sagte Persky, «ich glaube, ich habe die Laus im Mechanismus gefunden.»

Kugelmass' Herz machte einen Satz. «Ernsthaft?», sagte er. «Haben Sie's wieder hingekriegt?»

«Es war was in der Übersetzung. Nun machen Sie schon.»

«Persky, Sie sind ein Genie. Wir sind in einer Minute da. In weniger als einer Minute.»

Wieder eilten die Liebenden zur Wohnung des Zauberers, und wieder stieg Emma mit ihren Schachteln in das Schränkchen. Diesmal gab es keinen Kuss. Persky schloss die Türen, holte tief Atem und klopfte dreimal auf die Kiste. Es gab den beruhigenden Knall, und als Persky vorsichtig hineinlugte, war der Kasten leer. Madame Bovary war wieder in ihrem Roman. Kugelmass stieß einen tiefen Seufzer der Erleichterung aus und schüttelte dem Zauberer die Hand.

«Es ist vorbei», sagte er. «Ich habe meinen Denkzettel weg.

Nie wieder werde ich meine Frau betrügen, das schwöre ich.» Wieder schüttelte er Persky die Hand und notierte sich in Gedanken, ihm eine Krawatte zu schicken.

Drei Wochen später, am Ende eines wunderschönen Frühlingsnachmittags, klingelte es bei Persky, und er öffnete die Tür. Es war Kugelmass, der einfältig dreinschaute.

«Okay, Kugelmass», sagte der Zauberer, «wohin diesmal?»

«Es ist ja bloß dies eine Mal», sagte Kugelmass. «Das Wetter ist so herrlich, und ich werde ja auch nicht jünger. Hören Sie, haben Sie *Portnoy's Complaint* gelesen? Erinnern Sie sich an das ‹Äffchen›?»

«Der Preis beträgt jetzt fünfundzwanzig Dollar, weil die Lebenskosten gestiegen sind, aber wegen all der Unannehmlichkeiten, die ich Ihnen gemacht habe, schicke ich Sie diesmal gratis auf die Reise.»

«Sie sind 'n netter Kerl», sagte Kugelmass und kämmte sich die wenigen ihm gebliebenen Haare, als er wieder in das Schränkchen stieg. «Wird's auch richtig funktionieren?»

«Ich hoffe. Ich habe seit dem ganzen Kummer nicht viel damit rumexperimentiert.»

«Sex und Romantik», sagte Kugelmass aus dem Inneren des Kastens. «Was nehmen wir nicht alles für ein hübsches Gesicht in Kauf?»

Persky warf ein Exemplar von *Portnoy's Complaint* in den Kasten und klopfte dreimal darauf. Statt eines Peng gab es diesmal eine dumpfe Explosion, der eine Reihe von knisternden und prasselnden Geräuschen und ein Funkenregen folgten. Persky sprang zurück, bekam eine Herzattacke und fiel tot um. Das Schränkchen fing an zu brennen, und schließlich brannte das ganze Haus ab.

Kugelmass, der von dieser Katastrophe nichts ahnte, hatte seine eigenen Probleme. Er war nämlich nicht in *Portnoy's Complaint* gelandet oder überhaupt in einem Roman. Er befand sich in einem alten Lehrbuch, *Spanisch für alle Fälle*, und rannte in einem öden, felsigen Gelände um sein Leben, während das Wort *tener* («besitzen») – ein großes, haariges unregelmäßiges Verb – auf seinen spindeldürren Beinen ihm nachsetzte.

Gespräche mit Helmholtz

Das Folgende sind ein paar Kostproben von Gesprächen, die dem in Kürze erscheinenden Buch *Gespräche mit Helmholtz* entnommen sind.

Dr. Helmholtz, jetzt an die neunzig, war ein Zeitgenosse Freuds, ein Pionier der Psychoanalyse und Begründer der psychologischen Schule, die seinen Namen trägt. Am bekanntesten ist er vielleicht durch seine Verhaltensforschungen geworden, in denen er nachwies, dass der Tod ein erworbener Charakterzug ist.

Helmholtz wohnt mit seinem Diener Rolf und seiner Dänischen Dogge Rolf auf einem Landsitz in der Schweiz. Die meiste Zeit verbringt er mit Schreiben, und augenblicklich ist er dabei, seine Autobiographie so umzuarbeiten, dass er selber darin vorkommt. Die *Gespräche* wurden über einen Zeitraum von mehreren Monaten zwischen Helmholtz und seinem Schüler, dem Helmholtz-Forscher Fürchtegott Hoffnung, geführt, den Helmholtz unbeschreiblich verabscheut, jedoch erträgt, weil er ihm Nougat mitbringt. Ihre Unterhaltungen berührten viele verschiedene Themen, von der Psychopathologie und Religion bis zur Frage, warum Helmholtz es nicht gelingt, eine Scheckkarte zu bekommen. «Der Meister», wie Hoffnung ihn nennt, erscheint als ein warmherziger, aufmerksamer Mensch, der behauptet, er gäbe mit Freuden die Erfolge seines ganzen Lebens daran, wenn er sich nur die Krätze vom Halse schaffen könnte.

1. April: Kam pünktlich um 10 Uhr morgens bei Helmholtz an, wo mir das Dienstmädchen sagte, der Doktor sei in seinem Zimmer und sichte Adressen. In meiner Ängstlichkeit meinte ich, sie hätte gesagt, der Doktor sei in seinem Zimmer und sichte das Essen. Wie sich herausstellte, hatte ich richtig gehört, und Helmholtz sichtete tatsächlich das Essen. Beide Hände hatte er voll Haferflocken, die er zu beliebigen Häufchen ordnete. Als ich ihn darüber befragte, sagte er: «Ach – wollten doch nur mehr Menschen das Essen sichten!» Seine Antwort gab mir zu denken, aber ich hielt es für das Beste, die Angelegenheit nicht weiter zu verfolgen. Als er sich in seinen Ledersessel zurücklehnte, fragte ich ihn nach den frühen Tagen der Psychoanalyse.

«Als ich Freud das erste Mal traf, arbeitete ich bereits an meinen Theorien. Freud stand in einer Bäckerei. Er versuchte, sich ein paar *Schnecken* zu kaufen, brachte es jedoch nicht fertig, sie mit ihrem Namen zu verlangen. Freud hatte zu große Hemmungen, das Wort ‹Schnecken› auszusprechen, wie Sie wahrscheinlich wissen. ‹Geben Sie mir ein paar von diesen kleinen Kuchen›, sagte er und zeigte mit dem Finger darauf. Der Bäcker sagte: ‹Meinen Sie die *Schnecken*, Herr Professor?› Da wurde Freud puterrot, floh zur Tür hinaus und murmelte: ‹Äh, nein, nichts – schon gut!› Ich erstand die Kuchen ohne jede Mühe und brachte sie Freud als Geschenk. Wir wurden gute Freunde. Ich habe von jeher gemeint, dass bestimmte Leute sich schämen, bestimmte Wörter zu sagen. Gibt es irgendwelche Wörter, die Sie in Verlegenheit setzen?»

Ich erklärte Helmholtz, dass ich in einem bestimmten Restaurant keinen Hummato (eine mit Hummer gefüllte Tomate) bestellen könne. Helmholtz fand, dass das auch ein besonders dämliches Wort sei, und wünschte, er könne dem Mann, der es erfand, das Gesicht zerkratzen. Das Gespräch kam wieder auf Freud zurück, der jeden Gedanken Helmholtzens zu beherrschen scheint, obwohl sich die beiden Männer nach einer Auseinandersetzung über etwas Petersilie hassten.

«Ich erinnere mich an einen Fall Freuds. Edna S. Hysterische Nasenlähmung. Sie konnte kein Kaninchen imitieren, wenn sie dazu aufgefordert wurde. Das machte ihr unter Freunden große Angst, die oft grausam waren. ‹Komm, Liebchen, zeig uns, wie du ein Kaninchen machst.› Dann wackelten sie ausgiebig mit ihren Nasenlöchern, sehr zu ihrem gegenseitigen Vergnügen.

Freud empfing sie zu einer Reihe analytischer Sitzungen in seinem Arbeitszimmer, aber irgendetwas ging schief, und anstatt ihre Zuwendung auf Freud zu übertragen, übertrug sie sie auf einen Kleiderständer, ein großes, hölzernes Möbel, das im Zimmer stand. Freud war beunruhigt, weil die Psychoanalyse damals mit Skepsis betrachtet wurde, und als das Mädchen mit dem Kleiderständer zu einer Kreuzfahrt durchbrannte, schwor Freud, nie wieder zu praktizieren. Und wirklich spielte er eine Zeit lang ernsthaft mit dem Gedanken, Akrobat zu werden, bis ihn Ferenczi davon überzeugte, dass er es niemals lernen würde, einen richtig guten Purzelbaum zu schlagen.»

Ich sah, dass Helmholtz nun müde wurde, weil er aus seinem Sessel auf den Fußboden unter den Tisch gerutscht war, wo er schlief. Ich wollte seiner Güte nicht weiter zur Last fallen und ging auf Zehenspitzen hinaus.

5. April: Ich traf Helmholtz dabei an, wie er gerade seine Geige spielte. (Er ist ein wunderbarer Amateurgeiger, obwohl er keine Noten lesen und auch nur einen Ton spielen kann.) Wieder setzte mir Helmholtz einige Probleme der frühen Psychoanalyse auseinander.

«Alle versuchten, Freuds Gunst zu gewinnen. Rank war auf Jones eifersüchtig. Jones beneidete Brill. Brill ärgerte sich über Adlers Besuche bei Freud dermaßen, dass er Adlers ‹Kreissäge› versteckte. Einmal hatte Freud ein paar Sahnebonbons in der Tasche und gab Jung einen davon. Rank wurde wütend darüber. Er beklagte sich bei mir, Freud würde Jung bevorzugen. Besonders bei der Verteilung von Süßigkeiten. Ich ignorierte das, weil ich mir aus Rank nicht besonders viel machte, denn er hatte kurz zuvor meinen Aufsatz über ‹Die Euphorie bei Schnecken› als ‹den Gipfel mongoloiden Denkens› bezeichnet.

Jahre später brachte Rank den Vorfall noch einmal zur Sprache, als wir eine Autofahrt durch die Alpen machten. Ich erinnerte ihn daran, wie dumm er damals gehandelt habe, und er gestand, er habe unter einer ungewöhnlichen Spannung gestanden, weil sein Vorname, Otto, von vorn genauso buchstabiert wird wie von hinten, und das habe ihn bedrückt.»

Helmholtz lud mich zum Abendessen ein. Wir saßen an dem großen Eichentisch, von dem er behauptet, er sei ein Geschenk von Greta Garbo, obwohl sie leugnet, ihn wie auch Helmholtz überhaupt zu kennen. Ein typisches Helmholtz-Abendbrot bestand aus: einer großen Rosine, großzügigen Portionen Speck und einer Dose Salm für jeden. Nach dem Essen gab es Pfefferminzbonbons, und Helmholtz holte seine Sammlung Lackschmetterlinge hervor, die ihn in gereizte Stimmung versetzten, als er merkte, dass sie gar nicht fliegen konnten.

Später ruhten Helmholtz und ich uns im Wohnzimmer bei ein paar Zigarren aus. (Helmholtz vergaß, seine Zigarre anzuzünden, zog aber so heftig daran, dass sie wirklich kleiner wurde.) Wir diskutierten einige der berühmtesten Fälle des Meisters.

«Da war zum Beispiel Joachim B. Ein Mann von etwa Mitte vierzig, der kein Zimmer betreten konnte, in dem ein Cello war. Was schlimmer war, als er sich einmal mit einem Cello in einem Zimmer befand, konnte er es nicht verlassen, bevor er nicht von einem Rothschild dazu aufgefordert wurde. Außerdem stotterte Joachim B. Aber nicht beim Sprechen, sondern nur beim Schreiben. Wenn er das Wort ‹aber› schrieb, erschien es als ‹a-a-a-a-ber› in seinen Briefen. Er wurde mit dieser Behinderung oft gehänselt und versuchte Selbstmord zu begehen, indem er sich in einen großen Eierkuchen wickelte und sich zu ersticken versuchte. Ich behandelte ihn mit Hypnose, und er war wieder in der Lage, ein normales, gesundes Leben zu führen, wenn er auch in späteren Jahren fortwährend phantasierte, ein Pferd getroffen zu haben, das ihm riet, sich der Architektur zuzuwenden.»

Helmholtz sprach über den berüchtigten Frauenschänder V., der einstmals ganz London in Schrecken versetzt hatte.

«Ein höchst ungewöhnlicher Fall von Perversion. Er hatte eine periodisch wiederkehrende Sexualphantasie, in der er von einer Gruppe Anthropologen gedemütigt und gezwungen wurde, O-beinig herumzugehen, was, wie er gestand, ihm großes sexuelles Vergnügen bereitete. Er rief sich in Erinnerung, wie er als Kind die Wirtschafterin seiner Eltern, eine Frau von lockerer Moral, dabei überrascht hatte, wie sie gerade ein Sträußchen Wasserkresse küsste, was er erotisch fand. Als Teenager wurde er dafür bestraft, seinem Bruder den Kopf bemalt zu haben, obwohl sein Vater, Anstreicher von Beruf, mehr von der Tatsache aus der Fassung gebracht war, dass er den Jungen nur einmal gestrichen hatte.

V. machte sich mit achtzehn an die erste Frau heran, und danach vergewaltigte er jahrelang ein halbes Dutzend pro Woche. Das Geeignetste, was ich bei der Therapie mit ihm machen konnte, war, eine sozial annehmbarere Gewohnheit an die Stelle der alten zu setzen, um seine aggressiven Neigungen zu unterdrücken; später, wenn er zufällig auf eine ahnungslose Frau stieß, zog er, anstatt sie zu überfallen, einen großen Heilbutt aus seiner Jacke und zeigte ihn ihr. Während dieser Anblick bei einigen Bestürzung hervorrief, verschonte er die Frauen doch vor jeder Gewalttat, und einige gestanden sogar, ihr Leben sei durch diese Erfahrung unermesslich bereichert worden.»

12. April: Diesmal fühlte sich Helmholtz nicht allzu gut. Er war am Tage zuvor auf einer Wiese verloren gegangen und auf ein paar Birnen gefallen. Er war ans Bett gefesselt, saß aber aufrecht darin und lachte sogar, als ich ihm erzählte, ich hätte einen Abszess.

Wir erörterten seine Theorie der Gegenpsychologie, auf die er kurz nach Freuds Tod gekommen war. (Freuds Tod war, Ernst Jones zufolge, dasjenige Ereignis, das den endgültigen Bruch zwischen Helmholtz und Freud nach sich zog, und die beiden haben danach nur noch selten miteinander gesprochen.)

Damals hatte Helmholtz einen Versuch entwickelt, bei

dem er mit einer Glocke läutete und eine Gruppe weißer Mäuse daraufhin Mrs. Helmholtz zur Tür hinausbrachte und auf dem Bordstein absetzte. Er machte viele solcher Verhaltensexperimente und hörte erst damit auf, als ein Hund, der darauf abgerichtet war, aufs Stichwort Speichel abzusondern, sich weigerte, ihn die Ferien über im Hause zu behalten. Ihm wird nebenbei immer noch der klassische Aufsatz über «Unmotiviertes Kichern beim Rentier» zugeschrieben.

«Ja, ich gründete die Schule der Gegenpsychologie. Wirklich ganz zufällig. Meine Frau und ich hatten uns gerade gemütlich ins Bett gelegt, als ich plötzlich Lust auf einen Schluck Wasser hatte. Zu faul, es mir selber zu holen, bat ich Mrs. Helmholtz, es mir zu bringen. Sie weigerte sich und sagte, sie sei von der Kichererbsenernte zu erschöpft. Wir diskutierten darüber, wer es holen solle. Schließlich sagte ich: ‹Ich möchte auf gar keinen Fall ein Glas Wasser. Wirklich, ein Glas Wasser ist das Letzte, was ich mir auf der Welt wünsche.› Darauf sprang meine Frau auf und sagte: ‹Ach, du willst gar kein Wasser, wie? Das ist aber zu dumm!› Und sie schlüpfte schnell aus dem Bett und holte mir welches. Ich versuchte, den Vorfall mit Freud bei dem Analytikerspaziergang in Berlin zu erörtern, aber er und Jung waren Teilnehmer am Großen Preis der Dreibeinigen und waren durch die Festlichkeiten zu sehr in Anspruch genommen, um zuzuhören.

Erst Jahre später fand ich einen Weg, dieses Prinzip für die Behandlung von Depressionen nutzbar zu machen, und war in der Lage, den großen Opernsänger J. von der krankhaften Furcht zu heilen, eines Tages in einem Frühstückskorb zu enden.»

18. April: Als ich ankam, fand ich Helmholtz beim Beschneiden einiger Rosenbüsche. Er sprach viel über die Schönheit der Blumen, die er liebt, weil «sie nicht immer gleich Geld borgen wollen».

Wir sprachen über die heutige Psychoanalyse, die Helmholtz für ein Märchen hält, das von der Couch-Industrie am Leben gehalten wird.

«Diese modernen Analytiker! Sie verlangen so viel. Zu meiner Zeit hätte Sie für fünf Mark Freud selber behandelt. Für zehn Mark hätte er Sie behandelt und Ihre Hosen geplättet. Für fünfzehn Mark hätten Sie *ihn* behandeln dürfen, und obendrein konnten Sie auch noch zwischen zwei beliebigen Gemüsebeilagen wählen. Dreißig Dollar pro Stunde! Fünfzig Dollar pro Stunde! Der Kaiser bekam bloß zwölf Mark fünfundzwanzig dafür, dass er Kaiser war. Und er musste zu Fuß zur Arbeit gehen! Und die Behandlungsdauer! Zwei Jahre! Fünf Jahre! Wenn einer von uns einen Patienten nicht in einem halben Jahr heilen konnte, gaben wir ihm sein Geld wieder, nahmen ihn zu irgendeiner Musicalrevue mit und spendierten ihm entweder eine Mahagoni-Obstschale oder einen Satz Schnitzmesser aus rostfreiem Stahl. Ich erinnere mich, dass man die Patienten, mit denen Jung nicht zu Rande gekommen war, gut erkennen konnte, weil er ihnen große ausgestopfte Pandas zu schenken pflegte.»

Wir spazierten auf den Gartenwegen entlang, und Helmholtz ging zu anderen interessanten Themen über. Er war ein wahres Erkenntnisbündel, und es gelang mir, einige seiner Kernsprüche festzuhalten.

Über die Situation des Menschen: «Wäre der Mensch unsterblich, können Sie sich vorstellen, wie hoch dann seine Fleischerrechnungen wären?»

Über Religion: «Ich glaube an kein Leben nach dem Tode, obwohl ich immer Unterwäsche zum Wechseln bei mir habe.»
Über Literatur: «Die ganze Literatur ist eine Fußnote zum *Faust.* Ich habe keine Ahnung, was ich damit meine.»
Ich bin überzeugt, Helmholtz ist ein sehr bedeutender Mann.

Ja, aber kriegt die Dampfmaschine das denn fertig?

Ich blätterte gerade in einer Illustrierten herum, während ich darauf wartete, dass Josef K., mein Beagle, aus seiner regelmäßigen Donnerstags-Dreiviertelstunden-Sitzung bei einem Therapeuten an der Park Avenue rauskäme – einem Tiermediziner der Jung-Schule, der für fünfzig Dollar pro Sitzung heldenhaft daran arbeitet, ihn davon zu überzeugen, dass Halsfalten keine soziale Unterlegenheit bedeuten –, als ich ganz unten auf der Seite auf einen Satz stieß, der mir ins Auge fiel wie die Mitteilung der Bank, ich hätte mein Konto überzogen. Es war eine Meldung wie viele andere auch in einem von diesen Blättern aus der Gerüchteküche, die Überschriften wie «Unglaublich, aber wahr» oder «Wetten, das wussten Sie nicht» haben, aber die Bedeutung dieser Meldung erschütterte mich mit der Macht der Eingangsklänge von Beethovens Neunter. «Das Sandwich», lautete sie, «wurde vom Grafen Sandwich erfunden.» Überwältigt von dieser Nachricht, las ich sie noch einmal und brach unwillkürlich in Zittern aus. Meinem Geist schwindelte, als er sich die unerhörten Träume, Hoffnungen und Hindernisse zu vergegenwärtigen begann, die in die Erfindung des ersten Sandwichs eingegangen sein mussten. Meine Augen wurden feucht, als ich aus dem Fenster auf die schimmernden Türme der Stadt sah, und ich empfand einen Hauch Ewigkeit, als ich über die unauslöschliche Stellung des Menschen im Universum staunte.

Der Mensch, der Erfinder! Da Vincis Notizhefte tauchten vor mir auf – mutige Pläne zu den hochfliegendsten Vorhaben der Menschheit. Ich dachte an Aristoteles, Dante, Shakespeare. Das erste Folio. Newton. Händels *Messias*. Monet. Den Impressionismus. Edison. Den Kubismus. Strawinsky. $E = mc^2$ …

Ein geistiges Abbild des ersten Sandwichs fest vor Augen, wie es in seiner Vitrine im Britischen Museum liegt, verbrachte ich die folgenden drei Monate damit, eine kurze Biographie seines großen Erfinders, Seiner durchlauchtigsten Durchlaucht des Grafen, auszuarbeiten. Obwohl mein Verständnis von Geschichte ein bisschen wacklig ist und obwohl mein Sinn für Übertreibungen den eines durchschnittlichen LSD-Schluckers weit in den Schatten stellt, hoffe ich doch, letztlich das Wesen dieses nicht genugsam gewürdigten Genies eingefangen zu haben, und wünsche ich, dass diese kümmerlichen Notizen einen wahren Historiker dazu inspirieren möchten, hieraus zu schöpfen.

1718: Geburt des Grafen von Sandwich, die Eltern gehören der Oberschicht an. Der Vater hat das Vergnügen, Bestallter Ober-Rosse-Schuhmacher Seiner Majestät des Königs zu sein – eine Stellung, an der er mehrere Jahre großen Gefallen hat, bis er dahinter kommt, dass er Hufschmied ist, und erbittert resigniert. Die Mutter ist eine einfache Hausfrau deutscher Herkunft, deren ereignislose Speisekarte vor allem Schweineschmalz und Haferschleim enthält, wenn sie auch einen Hang zu kulinarischer Phantasie in ihrer Fähigkeit beweist, eine passable Weincreme zusammenzumixen.

1725–35: Besucht die Schule, wo er Unterricht in Reiten und Latein erhält. In der Schule kommt er zum ersten Mal mit Aufschnitt in Berührung, und er legt ein ungewöhn-

liches Interesse an dünn geschnittenen Roastbeef-Streifen und Schinkenscheiben an den Tag. Bis zum Schulabschluss wächst sich das zur Besessenheit aus, und obwohl seine Abschlussarbeit über «Analyse und Begleitphänomene der Zwischenmahlzeiten» in der Lehrerschaft auf Interesse stößt, halten seine Klassenkameraden ihn für überspannt.
1736: Tritt auf Geheiß seiner Eltern in die Universität Cambridge ein, um Rhetorik und Metaphysik zu studieren, zeigt aber für beides wenig Begeisterung. Er lehnt sich gegen alles Akademische auf und wird beschuldigt, Brotlaibe gestohlen und damit widernatürliche Experimente gemacht zu haben. Anklagen der Ketzerei führen zu seinem Rausschmiss.
1738: Enterbt macht er sich auf den Weg nach Skandinavien, wo er drei Jahre mit intensiven Käsestudien verbringt. Er ist von den vielen Sardinensorten, denen er begegnet, sehr begeistert und schreibt in sein Tagebuch: «Ich bin überzeugt, dass es jenseits von allem, was der Mensch bereits erreicht hat, eine bleibende Wirklichkeit in der Zusammenstellung von Nahrungsmitteln gibt. Vereinfachen! Vereinfachen!» Bei seiner Rückkehr nach England lernt er Nell Smallbore kennen, die Tochter eines Gemüsehändlers, und die beiden heiraten. Von ihr wird er alles lernen, was er jemals über Salat wissen wird.
1741: Sie leben auf dem Lande von einer kleinen Erbschaft, und er arbeitet Tag und Nacht, oft am Essen sparend, um Geld für Lebensmittel zu erübrigen. Sein erstes vollendetes Werk – eine Scheibe Brot, eine weitere Scheibe Brot auf dieser und eine Scheibe kalte Pute auf den beiden Brotscheiben – fällt kläglich durch. Bitter enttäuscht kehrt er in sein Arbeitszimmer zurück und fängt wieder von vorn an.

1745: Nach vier Jahren irrsinniger Arbeit ist er überzeugt, an der Schwelle des Erfolges zu stehen. Er stellt vor seinen Zeitgenossen zwei Scheiben Pute mit einer Scheibe Brot dazwischen aus. Sein Werk wird von allen abgelehnt, außer von David Hume, der fühlt, dass etwas Großes bevorsteht, und ihn ermutigt. Durch die Freundschaft des Philosophen wieder aufgerichtet, begibt er sich mit neuer Tatkraft an die Arbeit.

1747: Völlig verarmt, kann er es sich nicht mehr leisten, mit Roastbeef und Pute zu arbeiten, und wendet sich dem Schinken zu, der billiger ist.

1750: Im Frühjahr stellt er eine Kreation aus drei aufeinander gelegten Scheiben Schinken aus und erläutert sie; das erregt einiges Interesse, vor allem in intellektuellen Kreisen, aber das allgemeine Publikum bleibt unbeeindruckt. Drei Brotscheiben aufeinander tragen zu seinem Ansehen bei, und obgleich ein reifer Stil noch nicht erkennbar ist, schickt Voltaire nach ihm.

1751: Reise nach Frankreich, wo der Dramatiker und Philosoph einige interessante Ergebnisse mit Brot und Mayonnaise erzielt hat. Die beiden Männer freunden sich an und beginnen einen Briefwechsel, der erst abrupt endet, als Voltaire die Briefmarken ausgehen.

1758: Seine zunehmende Wertschätzung bei den Meinungsmachern der Nation bringt ihm einen Auftrag der Königin ein, «etwas Besonderes» für ein zweites Frühstück mit dem spanischen Botschafter anzurichten. Er arbeitet Tag und Nacht und zerreißt Hunderte von Entwürfen, aber endlich – am 27. April 1758, morgens 4 Uhr 17 – schafft er ein Werk, das aus mehreren Schinkenstreifen besteht, die oben und unten von zwei Scheiben Roggenbrot umschlossen sind. In einem plötzlichen Anfall von Begeisterung garniert er das Werk mit Mostrich. Das ist augenblicklich eine Sensation, und er wird beauftragt, für den Rest des Jahres alle Samstagsfrühstücke zuzubereiten.

1760: Er häuft Erfolg auf Erfolg, indem er aus Roastbeef, Hühnchen, Zunge und nahezu jedem erdenklichen Aufschnitt «Sandwiches» herstellt, wie sie ihm zu Ehren nun genannt werden. Da er nicht bereit ist, ausprobierte Rezepte zu wiederholen, sucht er nach neuen Ideen und erfindet das Kombisandwich, wofür er den Hosenbandorden erhält.

1769: Er lebt auf einem Landsitz und wird von den bedeutendsten Männern seines Jahrhunderts besucht: Haydn, Kant, Rousseau und Benjamin Franklin halten sich in seinem Haus auf, von denen einige seine bemerkenswerten Schöpfungen bei Tisch genießen, andere sie sich einpacken lassen.

1778: Obwohl er physisch altert, strebt er noch immer nach neuen Formen und schreibt in sein Tagebuch: «Ich arbeite bis spät in die kalten Nächte hinein und toaste jetzt alles in dem Bestreben, mich warm zu halten.» Im weiteren Verlauf des Jahres erregt sein aufgeklapptes heißes Roastbeef-Sandwich durch seine Offenheit einen Skandal.

1783: Um seinen fünfundsechzigsten Geburtstag feierlich zu begehen, erfindet er den Hamburger und unternimmt höchstpersönlich eine Rundreise durch die großen Hauptstädte der Welt, um in Konzertsälen vor großen, andächtigen Auditorien Hackfleischklopse zu braten. In Deutschland schlägt Goethe vor, sie auf Semmeln zu servieren – eine Idee, die den Grafen entzückt, und vom Autor des Faust sagt er: «Dieser Goethe, der ist vielleicht ein Kerl!» Diese Bemerkung entzückt wiederum Goethe, obwohl sie

sich im Jahr darauf über die Begriffe «englisch», «medium» und «durch» intellektuell entzweien.
1790: Anlässlich einer Retrospektive seiner Werke in London erkrankt er plötzlich an Brustschmerzen, und man nimmt an, er werde sterben, er erholt sich aber hinreichend, um die Herstellung eines Helden-Sandwichs durch ein Team begabter Nachfolger zu überwachen. Die Enthüllung in Italien bewirkt einen Volksaufstand, und es bleibt von allen Kritikern, abgesehen von wenigen, missverstanden.
1792: Er bekommt O-Beine, die er nicht rechtzeitig behandeln lässt, und erliegt ihnen im Schlaf. Er wird in der Westminster-Abtei zur letzten Ruhe gebettet, und Tausende betrauern sein Hinscheiden. Bei seiner Beerdigung fasst der große deutsche Dichter Hölderlin seine Leistungen mit unverhüllter Ehrerbietung zusammen: «Er befreite die Menschheit vom warmen Mittagessen. Wir schulden ihm so viel.»

Übersinnliche Erscheinungen – bei Licht betrachtet

Ganz ohne Frage gibt es eine Welt des Unsichtbaren. Das Problem ist, wie weit ist sie vom Stadtzentrum weg und wie lange hat sie offen? Unerklärliche Dinge ereignen sich ständig. Einer sieht Gespenster. Ein anderer hört Stimmen. Ein Dritter wacht auf und stellt fest, dass er beim Epsom-Derby mitläuft. Wie viele von uns haben nicht das eine oder andere Mal eine eiskalte Hand hinten im Genick gespürt, als sie allein zu Hause waren? (Ich nicht, Gott sei Dank, aber viele haben's.) Was steckt hinter diesen Erlebnissen? Oder davor, nicht zu vergessen? Ist es wahr, dass einige Menschen die Zukunft voraussehen oder mit Geistern in Verbindung treten können? Und ist es nach dem Tode noch möglich zu duschen?

Glücklicherweise werden diese Fragen zu übersinnlichen Phänomenen in einem bald erscheinenden Buch beantwortet: *Buh!* von Dr. Osgood Mulford Twelge, dem bekannten Parapsychologen und Professor für Ektoplasma an der Columbia University. Dr. Twelge hat eine einzigartige Geschichte übernatürlicher Ereignisse zusammengetragen, von der Gedankenübertragung bis hin zu dem bizarren Erlebnis zweier Brüder in ganz verschiedenen Teilen der Erde, von denen einer ein Bad nahm, worauf der andere plötzlich sauber wurde. Was folgt, ist lediglich eine Probe der berühmtesten Fälle Dr. Twelges mit seinen Kommentaren dazu.

Geistererscheinungen

Am 16. März 1882 wurde Mr. J. C. Dubbs mitten in der Nacht wach und sah seinen Bruder Amos, der schon vierzehn Jahre tot war, am Fußende seines Bettes sitzen und Hühnchen rupfen. Dubbs fragte seinen Bruder, was er da tue, und sein Bruder sagte, er solle sich keine Gedanken machen, er sei tot und bloß zum Wochenende in der Stadt. Dubbs fragte seinen Bruder, wie es in der «anderen Welt» sei, und sein Bruder sagte, es sei so ähnlich wie in Cleveland. Er sagte, er sei zurückgekehrt, um Dubbs eine Botschaft zu überbringen, die laute, ein dunkelblauer Anzug und karierte Socken seien ein gewaltiger Missgriff.

In dem Augenblick kam Dubbs' Dienstmädchen herein und sah Dubbs mit «einem formlosen milchigen Nebel» reden, der sie, sagte sie, an Amos Dubbs erinnert habe, jedoch ein wenig hübscher gewesen sei. Schließlich bat der Geist Dubbs, ihn bei einer Arie aus *Faust* zu begleiten, die die beiden mit großer Inbrunst sangen. Als es dämmerte, verschwand der Geist durch die Wand, und Dubbs, der ihm zu folgen versuchte, brach sich das Nasenbein.

Dies scheint ein klassischer Fall des Phänomens Geistererscheinung zu sein, und wenn man Dubbs glauben darf, kam der Geist noch einmal wieder und brachte Mrs. Dubbs dazu, sich von einem Stuhl in die Luft zu erheben und zwanzig Minuten über dem Esstisch zu schweben, bis sie in die Soße fiel. Es ist interessant zu bemerken, dass Geister die Neigung haben, schadenfroh zu sein, was der englische Mystiker A. F. Childe auf ihr ausgeprägtes Minderwertigkeitsgefühl zurückführt, das sie haben, weil sie tot sind. «Erscheinungen» sind oft mit Personen verknüpft, die auf ungewöhnliche Weise zu Tode kamen. Amos Dubbs zum

Beispiel war unter mysteriösen Umständen gestorben, als ein Bauer ihn aus Versehen zusammen mit ein paar Rüben auspflanzte.

Geistesabwesenheit

Mr. Albert Sykes berichtet folgendes Erlebnis: «Ein paar Freunde und ich saßen bei ein paar Keksen beisammen, als ich fühlte, wie mein Geist meinen Körper verließ und telefonieren ging. Aus irgendwelchen Gründen rief er die Moskowitz-Fiberglas-Gesellschaft an. Dann kehrte mein Geist in meinen Körper zurück und blieb ungefähr zwanzig Minuten, immer in der Hoffnung, niemand werde vorschlagen, Kreuzworträtsel zu lösen. Als die Unterhaltung zu Investitionsgeschäften überging, verschwand er wieder und spazierte in der Stadt herum. Ich bin davon überzeugt, dass er die Freiheitsstatue besichtigte und sich dann die Bühnenshow in der Radio City Music Hall ansah. Danach fuhr er zu Benny's Steakhaus und machte eine Rechnung von achtundsechzig Dollar. Dann entschloss sich mein Geist, in meinen Körper zurückzukehren, bekam aber einfach kein Taxi. Schließlich lief er die Fifth Avenue hoch und stieß gerade rechtzeitig wieder zu mir, um noch die Spätnachrichten mitzukriegen. Ich konnte feststellen, dass er wieder in meinen Körper einzog, weil ich plötzlich einen Schauder fühlte und eine Stimme sagte: ‹Ich bin wieder da. Reichst du mir bitte mal die Rosinen rüber?›

Dieses Wunder ist mir seitdem verschiedentlich widerfahren. Einmal fuhr mein Geist auf ein Wochenende nach Miami, und einmal wurde er eingesperrt, weil er versuchte, bei Macy's rauszugehen, ohne für einen Schlips zu bezahlen.

Das vierte Mal war es wirklich mein Körper, der meinen Geist verließ, aber er handelte sich bloß eine Abreibung ein und kam gleich wieder.»

Geistesabwesenheit war um 1910 sehr verbreitet, als viele «Geister» auf der Suche nach dem amerikanischen Konsulat ziellos in Indien herumgewandert sein sollen. Das Phänomen ist der Transsubstantiation ganz ähnlich, dem Vorgang, bei dem eine Person plötzlich unsichtbar und woanders auf der Welt wieder sichtbar wird. Das ist keine üble Art zu reisen, auch wenn man gewöhnlich eine halbe Stunde aufs Gepäck warten muss. Der erstaunlichste Transsubstantiationsfall war der von Sir Arthur Nurney, der mit einem hörbaren «Pop» verschwand, als er gerade ein Bad nahm, und plötzlich bei den Streichern im Wiener Symphonischen Orchester auftauchte. Dort blieb er siebenundzwanzig Jahre als Erster Geiger, obwohl er bloß «Horch, was kommt von draußen rein» spielen konnte, und eines Tages verschwand er unerwartet mitten in Mozarts Jupiter-Symphonie und kreuzte im Bett bei Winston Churchill auf.

Das zweite Gesicht

Mr. Fenton Allentuck schildert uns den folgenden prophetischen Traum: «Ich ging um Mitternacht schlafen und träumte, ich spielte mit einem Teller Schnittlauch eine Partie Whist. Plötzlich wechselte der Traum, und ich sah meinen Großvater, der gerade mitten auf der Straße, wo er mit einer Kleiderpuppe Walzer tanzte, von einem Lastwagen überfahren wurde. Ich versuchte zu schreien, aber als ich

den Mund öffnete, kam als einziger Ton Glockenläuten heraus, und mein Großvater wurde überfahren.
Ich wachte schweißgebadet auf und lief zu meinem Großvater und fragte ihn, ob er vorhabe, mit einer Kleiderpuppe Walzer zu tanzen. Er sagte, natürlich nicht, obwohl er im Sinn gehabt habe, als Schafhirt aufzutreten, um seine Feinde zu foppen. Erleichtert ging ich heim und erfuhr später, der alte Herr sei auf einem Geflügelsalat-Brötchen ausgerutscht und vom Chrysler Building runtergefallen.»

Prophetische Träume sind zu verbreitet, als dass sie als reiner Zufall abgetan werden könnten. Hier träumt ein Mensch vom Tode eines Verwandten, und er tritt ein. Nicht jeder hat das Glück. J. Martinez aus Kennebunkport, Maine, träumte, er habe in der Irischen Lotterie gewonnen. Als er erwachte, schwamm sein Bett bereits auf hoher See.

Trance

Der Skeptiker Sir Hugh Swiggles berichtet von einem interessanten Erlebnis bei einer spiritistischen Sitzung:

Wir besuchten Madame Reynaud, das bekannte Medium, wo wir alle angewiesen wurden, uns um einen Tisch zu setzen und bei den Händen zu fassen. Mr. Weeks konnte sich das Kichern nicht verkneifen, und Madame Reynaud schmetterte ihm eine Tafel mit Geisterschrift auf den Kopf. Das Licht wurde ausgeknipst, und Madame Reynaud versuchte, Verbindung mit Mrs. Marples Gatten aufzunehmen, der in der Oper gestorben war, als sein Bart Feuer fing. Das Folgende ist eine genaue Abschrift:

Mrs. Marple Was sehen Sie?

Medium Ich sehe einen Mann mit blauen Augen und einem Windrädchen am Hut.

Mrs. Marple Das ist mein Mann!

Medium Sein Name ist … Robert. Nein … Richard …

Mrs. Marple Quincy.

Medium Quincy. Ja, genau!

Mrs. Marple Was sehen Sie noch?

Medium Er hat eine Glatze, legt sich aber normalerweise ein paar Blätter auf den Kopf, damit es niemand merkt.

Mrs. Marple Ja! Genau!

Medium Aus irgendeinem Grund hat er was in der Hand … ein Eisbein.

Mrs. Marple Mein Geburtstagsgeschenk an ihn. Können Sie ihn sprechen lassen?

Medium Sprich, Geist. Sprich!

Quincy Claire, hier spricht Quincy.

Mrs. Marple O Quincy, Quincy!

Quincy Wie lange lässt du Hühnchen im Ofen, wenn du sie brätst?

Mrs. Marple Diese Stimme! Das ist er!

Medium Bitte alle konzentrieren!

Mrs. Marple Quincy, behandelt man dich gut?

Quincy Nicht schlecht, bloß dauert's vier Tage, bis die Wäsche aus der Reinigung kommt.

Mrs. Marple Quincy, vermisst du mich?

Quincy Was? Oh … ääh … sicher. Sicher, Kleines. Jetzt muss ich aber gehen …

Mrs. Marple Ich verliere ihn … Er schwindet …

Ich fand, diese Séance könne die strengsten Glaubwürdigkeitsprüfungen bestehen, mit der geringfügigen Einschränkung, dass unter Madame Reynauds Kleid ein Tonbandgerät gefunden wurde.
Es besteht kein Zweifel, dass bestimmte, bei spiritistischen Sitzungen aufgenommene Vorkommnisse echt sind. Wer erinnert sich nicht des berühmten Vorfalls bei Sibyl Seretsky, als ihr Goldfisch «I got Rhythm» sang – ein Lieblingslied ihres vor kurzem verstorbenen Neffen? Aber mit Toten in Kontakt zu treten ist im besten Falle schwierig, weil die meisten Verstorbenen ungern laut sprechen, und die, die es tun, drucksen anscheinend erst herum, ehe sie zur Sache kommen. Der Autor hat mit eigenen Augen gesehen, wie ein Tisch in die Höhe schwebte, und Dr. Joshua Fleagle von der Harvard University wohnte einer spiritistischen Sitzung bei, in der ein Tisch nicht nur in der Luft schwebte, sondern sich entschuldigte und nach oben schlafen ging.

Hellsehen

Einer der erstaunlichsten Fälle von Hellseherei ist der des bekannten griechischen Spiritisten Achille Londos. Londos bemerkte etwa im Alter von zehn Jahren, dass er «ungewöhnliche Fähigkeiten» habe, weil er im Bett liegen und durch Konzentration seinem Vater die falschen Zähne aus dem Mund hopsen lassen konnte. Als der Mann einer Nachbarin schon drei Wochen vermisst wurde, sagte Londos, man solle doch mal im Ofen nachsehen, wo der Mann mit einem Strickzeug gefunden wurde. Londos konnte sich auf das Gesicht eines Menschen konzentrieren und das Bild zwingen, auf normalem Kodakfilm zu erscheinen; trotzdem

gelang es ihm anscheinend nie, jemanden zum Lächeln zu bringen.
1964 wurde er hinzugezogen, um der Polizei zu helfen, den «Würger von Düsseldorf» zu fassen, einen Unhold, der stets eine überbackene Cassata auf der Brust seiner Opfer zurückließ. Londos brauchte nur an einem Taschentuch zu riechen, und schon führte er die Polizei zu Siegfried Lenz, einem Faktotum an einer Schule für taube Puten, der sagte, er sei der Würger und ob er bitte schön sein Taschentuch wiederhaben könne.
Londos ist nur einer von vielen mit hellseherischen Fähigkeiten. C. N. Jerome, das Medium aus Newport, Rhode Island, behauptet, er könne jede Spielkarte erraten, an die ein Eichhörnchen denkt.

Weissagen

Zum Schluss kommen wir zu Aristonidis, dem Grafen aus dem 16. Jahrhundert, dessen Prophezeiungen noch heute auch die größten Skeptiker verblüffen und verwirren. Typische Beispiele sind:
«Zwei Nationen werden in den Krieg ziehen, aber nur eine gewinnt.»
(Fachleute meinen, wahrscheinlich beziehe sich das auf den Russisch-Japanischen Krieg von 1904/05 – eine erstaunliche Bravourleistung an Prophezeiung, wenn man bedenkt, dass sie schon 1540 gemacht wurde.)
«Ein Mann in Istanbul lässt seinen Hut pressen und bekommt ihn kaputt zurück.»
(Abu Hamid, ein ottomanischer Krieger, schickte 1860 seine Haube zum Reinigen und bekam sie fleckig zurück.)

«Ich sehe eine große Persönlichkeit, die eines Tages ein Kleidungsstück für die Menschheit erfinden wird, das beim Kochen zum Schutz über den Hosen getragen wird. Es wird ‹Schurz› oder ‹Schützer› genannt werden.»

(Aristonidis meinte natürlich die Schürze.)

«In Frankreich wird ein Führer auftreten. Er wird sehr klein sein und großes Unheil stiften.»

(Das ist entweder eine Anspielung auf Napoleon oder auf Marcel Lumet, einen Zwerg im 18. Jahrhundert, der ein Komplott anzettelte, Voltaire mit Sauce béarnaise zu beschmieren.)

«In der Neuen Welt wird es eine Gegend namens Kalifornien geben, und ein Mann namens Joseph Cotton wird berühmt werden.»

(Keine Erklärung nötig.)

Kein Kaddisch für Weinstein

Weinstein lag unter seinen Decken und starrte in dumpfer Lethargie zur Decke hoch. Draußen stiegen in stickigen Wellen Schwaden feuchter Luft vom Pflaster auf. Der Verkehrslärm war zu dieser Stunde ohrenbetäubend, und zu all dem stand sein Bett in Flammen. Seht mich an, dachte er. Fünfzig Jahre alt. Ein halbes Jahrhundert. Nächstes Jahr werde ich einundfünfzig sein. Dann zweiundfünfzig. Indem er diesen Gedankengang fortsetzte, konnte er sein Alter für die nächsten fünf Jahre berechnen. So wenig Zeit bleibt mir, dachte er, und so viel noch zu tun. Vor allem wollte er Autofahren lernen. Sein Freund Adelmann, der mit ihm auf der Rush Street immer Dreideln spielte, hatte Autofahren an der Sorbonne studiert. Er konnte wunderschön mit einem Auto umgehen und war schon oft ganz allein gefahren. Weinstein hatte ein paar Versuche unternommen, mit dem Chevy seines Vaters zu fahren, war aber immer auf dem Bürgersteig gelandet.

Er war ein frühreifes Kind gewesen. Ein Intellektueller. Mit zwölf hatte er die Gedichte T. S. Eliots ins Englische übersetzt, nachdem irgendwelche Vandalen in die Bibliothek eingebrochen waren und sie ins Französische übersetzt hatten. Und als wenn ihn sein hoher IQ nicht schon genug isolierte, erlitt er unsägliche Ungerechtigkeiten und Verfolgungen wegen seines Glaubens, vor allem von seinen Eltern. Sicher, sein alter Herr war Mitglied der Synagoge und seine Mutter auch, aber sie konnten sich nie mit der

Tatsache befreunden, dass ihr Sohn Jude wäre. «Wie konnte das bloß passieren?», fragte sein Vater bestürzt. Mein Gesicht sieht semitisch aus, dachte Weinstein jeden Morgen beim Rasieren. Er war mehrere Male mit Robert Redford verwechselt worden, aber jedes Mal von einem Blinden. Dann war da noch Feinglas, sein anderer Jugendfreund: der typische Klassenerste. Ein Arbeitgeberspitzel, der zu den Arbeitern übergelaufen war. Dann sich zum Marxismus bekehrt hatte. Ein kommunistischer Agitator. Von der Partei im Stich gelassen, ging er nach Hollywood und wurde die Synchronstimme einer berühmten Zeichentrickmaus. Ironie des Schicksals.
Weinstein hatte ebenfalls mit dem Kommunismus geliebäugelt. Um Eindruck auf ein Mädchen in Rutgers zu machen, war er nach Moskau gegangen und in die Rote Armee eingetreten. Als er sie wegen einer zweiten Verabredung anrief, war sie schon mit jemand anderem verlobt. Auch sollte ihm später sein Rang als Unteroffizier bei der russischen Infanterie schaden, als er eine Sicherheitsbestätigung benötigte, um die kostenlose Vorspeise zu seinem Mittagessen in Longchamps zu bekommen. Außerdem hatte er in der Schule ein paar Versuchsmäuse politisch organisiert und bei einem Streik zur Verbesserung der Arbeitsbedingungen angeführt. Tatsächlich war es nicht so sehr die Politik wie die Poesie der marxistischen Theorie, die ihn faszinierte. Er war überzeugt, dass die Kollektivierung funktionieren könne, wenn alle die Liedtexte von «Ninotschka» lernen würden. «Das Wegschrumpfen des Staates» war eine Phrase, an der er festgehalten hatte, seitdem eines Tages die Nase seines Onkels bei Saks auf der Fifth Avenue weggeschrumpft war. Was, fragte er sich, ist über das wahre We-

sen der sozialen Revolution zu erfahren? Nur, dass sie nie nach dem Genuss von mexikanischem Essen unternommen werden sollte.

Die Weltwirtschaftskrise vernichtete Weinsteins Onkel Meyer, der sein Vermögen unter der Matratze aufbewahrte. Als die Börse krachte, zog die Regierung alle Matratzen ein, und Meyer wurde über Nacht ein armer Mann. Alles was ihm blieb, war, aus dem Fenster zu springen, aber ihm fehlten die Nerven dazu, und so saß er von 1930 bis 1937 auf einem Fensterbrett im Empire State Building.

«Diese Kinder mit ihrem Hasch und Sex», sagte Onkel Meyer gern. «Wissen Sie, was es heißt, sieben Jahre auf einem Fensterbrett zu sitzen? Da sieht man das Leben! Natürlich sehen alle aus wie Ameisen. Aber jedes Jahr richtete Tessie – sie ruhe in Frieden – den Sedertisch da draußen auf dem Gesims. Die Familie versammelte sich zu Pessach darum herum. Oy, Neffe! Wo kommt die Welt hin, wenn sie jetzt haben eine Bombe, die mehr Leute töten kann als ein einziger Blick auf Max Rifkins Tochter?»

Weinsteins so genannte Freunde hatten alle vor dem Ausschuss gegen unamerikanische Umtriebe gekuscht. Blotnick war von seiner eigenen Mutter angezeigt worden. Scharfstein wurde vom Auftragsdienst angezeigt. Weinstein war von dem Ausschuss angerufen worden und hatte zugegeben, dass er der Russischen Kriegshilfe Geld gespendet hatte, und dann hinzugefügt: «Oh, ja, ich habe Stalin ein Esszimmer gekauft.» Er weigerte sich, Namen zu nennen, sagte aber, wenn der Ausschuss darauf bestünde, würde er die Körpergröße der Leute angeben, denen er auf Versammlungen begegnet sei. Am Schluss geriet er in Panik, und anstatt sich auf das fünfte Grundrecht zu berufen, berief er sich auf das dritte, das ihn in die Lage versetzte, sich sonntags in Philadelphia Bier zu kaufen.

Weinstein rasierte sich zu Ende und ging unter die Dusche. Er seifte sich, während dampfend heißes Wasser ihm den massigen Rücken hinuntersprudelte. Er dachte: «Hier steh ich an irgendeinem festgelegten Punkt in Raum und Zeit und nehme eine Dusche. Ich, Isaak Weinstein. Eines von Gottes Geschöpfen.» Und dann trat er auf die Seife und schlidderte über den Fußboden und rammte seinen Kopf in den Handtuchhalter. Es war eine schlechte Woche gewesen. Am Tag zuvor hatte man ihm einen schlechten Haarschnitt verpasst, und er hatte immer noch nicht die Angst überwunden, die ihm jener verursachte. Zuerst hatte der Friseur sorgfältig geschnitten, aber bald war Weinstein klar, dass er zu weit gegangen war. «Tun Sie welche zurück!», schrie er wie von Sinnen.

«Ich kann nicht», sagte der Friseur, «sie halten nicht.»

«Gut, dann geben Sie sie mir, Dominique! Ich nehme sie mit!»

«Wenn sie mal auf dem Fußboden in meinem Laden liegen, gehören sie mir, Mr. Weinstein.»

«Zum Teufel! Ich will meine Haare!»

Er tobte und wütete, fühlte sich schließlich schuldig und ging weg. «Gojim», dachte er, «so oder so, sie kriegen dich.»

Jetzt trat er aus dem Hotel und ging die Eighth Avenue entlang. Zwei Männer raubten gerade eine ältere Dame aus. Mein Gott, dachte Weinstein, was waren das für Zeiten, als noch einer allein damit fertig wurde. Was für eine Stadt. Chaos überall. Kant hatte Recht: Der Geist gebietet Ordnung. Er sagt einem auch, wie viel Trinkgeld man hinlegen muss. Wie wundervoll, bewusst zu sein! Ich frage mich, was die Leute in New Jersey machen.

Er war auf dem Weg, Harriet wegen der Alimente einen Besuch zu machen. Er liebte Harriet noch immer, obwohl sie, während sie verheiratet waren, systematisch versucht hatte, mit allen Rs im Telefonbuch von Manhattan Ehebruch zu begehen. Er vergab ihr. Aber er hätte etwas ahnen sollen, als sein bester Freund und Harriet sich für drei Jahre ein Haus in Maine mieteten, ohne ihm zu sagen, wo sie wären. Er *wollte* es nicht wahrhaben – das war es. Sein Sexualleben mit Harriet hatte rasch aufgehört. Er schlief mit ihr einmal in der Nacht, als sie sich zum ersten Mal begegneten, einmal am Abend der ersten Mondlandung und einmal, um zu testen, ob sein Rücken nach einer rausgerutschten Bandscheibe wieder in Ordnung sei. «Es funktioniert mit dir verdammt nicht gut, Harriet», klagte er gewöhnlich, «du bist zu rein. Jedes Mal, wenn ich einen Drang zu dir habe, sublimier ich ihn durchs Pflanzen eines Baums in Israel. Du erinnerst mich an meine Mutter.» (Molly Weinstein – sie ruhe in Frieden –, die sich für ihn plagte und die besten Würste machte in ganz Chicago – ein Geheimrezept, bis jedem klar war, dass sie Haschisch hineintat.)

Zum miteinander Schlafen hatte Weinstein jemand ganz anderen nötig. Wie LuAnn, die aus Sex eine Kunst machte. Der einzige Ärger war, sie konnte nicht bis zwanzig zählen, ohne die Schuhe auszuziehen. Er versuchte einmal, ihr ein Buch über Existenzialismus zu geben, aber sie aß es. Sexuell hatte Weinstein sich immer als unzulänglich empfunden. Vor allem kam er sich klein vor. Er war einssechzig ohne Schuhe, allerdings konnte er ohne die Schuhe von jemand anderem einsfünfundsechzig sein. Dr. Klein, sein Therapeut, brachte ihn zur Einsicht, dass vor einen fahrenden Zug zu springen eher feindselig als selbstzerstörerisch sei, in jedem Fall aber seine Bügelfalten ruinieren würde. Klein war sein dritter Psychotherapeut. Sein erster war ein Jung-Schüler, der vorgeschlagen hatte, es mit spiritistischen Sitzungen zu versuchen. Davor hatte er Gruppentherapie gemacht, aber als er an die Reihe kam zu reden, wurde ihm schwindlig, und er konnte bloß die Namen aller Planeten hersagen. Sein Problem waren die Frauen, und das wusste er. Er war bei jeder Frau impotent, die vom College mit einer besseren Durchschnittsnote als 2 minus abgegangen war. Am wohlsten fühlte er sich bei Absolventinnen von Bürofachschulen, aber wenn die Frau schneller als hundert Silben in der Minute war, bekam er Panik und versagte im Bett.

Weinstein klingelte an Harriets Wohnung, und plötzlich stand sie vor ihm. «Sie plustert sich zu einer gefleckten Giraffe auf, wie üblich», dachte Weinstein. Es war ein privater Scherz, den keiner von beiden verstand.

«Hallo, Harriet», sagte er.

«Oh, Ike», sagte sie. «Du musst nicht so verdammt selbstgerecht sein.»

Sie hatte Recht. Wie taktlos, so etwas zu sagen. Er hasste sich selber dafür.

«Wie geht's den Kindern, Harriet?»

«Wir hatten nie Kinder, Ike.»

«Darum dachte ich, vierhundert Dollar die Woche wäre eine Menge Kindergeld.»

Sie biss sich auf die Lippen. Weinstein biss sich auf die Lip-

pen. Dann biss er ihr auf die Lippen. «Harriet», sagte er, «ich … ich bin pleite. Die Eierpreise sind parterre.»
«Verstehe. Und kann dir deine Schickse nicht helfen?»
«Für dich ist jedes Mädchen, das keine Jüdin ist, eine Schickse.»
«Können wir das lassen?» Ihre Stimme erstickte an der Beschuldigung. Weinstein hatte plötzlich den Drang, sie zu küssen, oder wenn nicht sie, dann irgendjemanden.
«Harriet, was haben wir falsch gemacht?»
«Wir haben der Wirklichkeit nie ins Gesicht gesehen.»
«Das war nicht mein Fehler. Du sagtest, sie läge im Norden.»
«Die Wirklichkeit *liegt* im Norden, Ike.»
«Nein, Harriet. Inhaltlose Träume liegen im Norden. Die Wirklichkeit im Westen. Falsche Hoffnungen liegen im Osten, und ich glaube, Louisiana liegt im Süden.»
Sie hatte immer noch die Fähigkeit, ihn zu erregen. Er streckte die Hände nach ihr aus, aber sie schlüpfte weg, und seine Hand landete in etwas saurer Sahne.
«Hast du darum mit deinem Therapeuten geschlafen?», platzte er schließlich heraus. Sein Gesicht war wutverzerrt. Er hatte das Gefühl, ohnmächtig zu werden, konnte sich aber nicht mehr erinnern, wie man richtig umfällt.
«Das gehörte zur Therapie», sagte sie kalt. «Nach Freud ist Sexualität der goldene Weg zum Unbewussten.»
«Freud hat gesagt, die *Träume* sind der Weg zum Unbewussten.»
«Sexualität, Träume – willst du Haarspaltereien betreiben?»
«Leb wohl, Harriet.»
Es war zwecklos. *Rien à dire, rien à faire.* Weinstein ging fort

und wanderte über den Union Square. Plötzlich brachen heiße Tränen hervor, als wäre ein Damm gebrochen. Heiße, salzige Tränen, Ewigkeiten zurückgehalten, entströmten ihm in einer schamlosen Woge von Gefühl. Das Problem war, sie kamen ihm aus den Ohren. «No na», dachte er, «nicht mal richtig weinen kann ich.» Er tupfte sich die Ohren mit einem Kleenextuch und ging nach Hause.

Aber leise ... ganz leise

Fragen Sie einen Durchschnittsmenschen, wer die Dramen mit den Titeln *Hamlet*, *Romeo und Julia*, *König Lear* und *Othello* geschrieben hat, und in den meisten Fällen wird er voller Überzeugung zurückschnappen: «Der unsterbliche Barde aus Stratford-on-Avon.» Fragen Sie ihn nach dem Autor der Shakespeare'schen Sonette und sehen Sie zu, ob Sie nicht dieselbe unlogische Antwort erhalten. Nun legen Sie diese Fragen gewissen Literaturdetektiven vor, die im Laufe der Jahre anscheinend von Zeit zu Zeit auftauchen, und seien Sie nicht erstaunt, wenn Sie Antworten bekommen wie: Sir Francis Bacon, Ben Jonson, die Königin Elisabeth und möglicherweise sogar die Habeas-Corpus-Akte.
Die allerneueste dieser Theorien ist in einem Buch zu finden, das ich gerade gelesen habe und das schlüssig zu beweisen sucht, dass der wirkliche Verfasser der Werke Shakespeares Christopher Marlowe war. Das Buch führt sehr triftige Gründe dafür an, und als ich es durchgelesen hatte, war ich nicht mehr sicher, ob Shakespeare Marlowe war oder Marlowe Shakespeare oder was. Ich weiß nur, ich hätte von keinem von beiden Schecks in Zahlung genommen – und ich liebe ihre Werke.
Wenn ich nun die oben erwähnte Theorie im Gesamtzusammenhang zu betrachten versuche, so ist meine erste Frage: Wenn Marlowe Shakespeares Werke schrieb, wer schrieb dann Marlowes? Die Antwort liegt in der Tatsache, dass Shakespeare mit einer Frau namens Anne Hathaway

verheiratet war. Davon wissen wir, dass es tatsächlich so war. Nach der neuen Theorie dagegen war nun tatsächlich Marlowe mit Anne Hathaway verheiratet, eine Heirat, die Shakespeare Kummer ohne Ende bereitete, weil sie ihn nicht ins Haus lassen wollten.

Eines verhängnisvollen Tages wurde bei einem Streit darüber, wer beim Bäcker als Nächster bedient werden sollte, Marlowe erschlagen – erschlagen oder verkleidet fortgeschafft, um der Anklage der Ketzerei zu entgehen, eines äußerst schweren Verbrechens, das mit Erschlagen oder Fortschaffen oder beidem bestraft wurde.

Zu diesem Zeitpunkt geschah es, dass Marlowes junges Weib zur Feder griff und an den Dramen und Sonetten weiterschrieb, die wir alle kennen und heute meiden. Aber erlauben Sie mir ein Wort zur Klärung.

Wir wissen alle, dass Shakespeare (Marlowe) sich seine Stoffe von den Dichtern der Antike (Moderne) lieh; als jedoch die Zeit kam, die Stoffe wieder zurückzugeben, hatte er sie verbraucht und war gezwungen, unter dem falschen Namen William Barde außer Landes zu fliehen (seitdem der Ausdruck «unsterblicher Barde») im Bestreben, dem Schuldgefängnis zu entgehen (seitdem der Begriff «Schuldgefängnis»). Hier betritt Sir Francis Bacon die Szene. Bacon war ein großer Neuerer seiner Zeit, der an fortschrittlichen Kühlkonzepten arbeitete. Die Legende berichtet, dass er beim Versuch, ein Hühnchen zu kühlen, starb. Anscheinend schubste das Hühnchen als Erstes. Im Bemühen, Marlowe vor Shakespeare geheim zu halten, wenn sich herausstellen sollte, dass sie ein und derselbe wären, hatte Bacon den fingierten Namen Alexander Pope angenommen, der in Wirklichkeit der Pope Alexander war, das Oberhaupt der römisch-katholischen Kirche und zu der Zeit gerade im Exil, wegen der Invasion Italiens durch die Barden, die letzte der Nomadenhorden (die Barden schenken uns den Ausdruck «unsterblicher Barde»), und der Jahre zuvor nach London geeilt war, wo Raleigh im Tower den Tod erwartete.

Das Geheimnis wird fortschreitend immer dunkler, denn Ben Jonson inszeniert für Marlowe ein Scheinbegräbnis, indem er einen unbedeutenderen Dichter überredet, dessen Platz bei der Bestattung einzunehmen. Ben Jonson darf nicht mit Samuel Johnson verwechselt werden. Er war Samuel Johnson. Samuel Johnson war es nicht. Samuel Johnson war Samuel Pepys. Pepys war in Wirklichkeit Raleigh, der aus dem Tower entwischt war, um *Das verlorene Paradies* zu schreiben, und zwar unter dem Namen John Milton, eines Dichters, der wegen seiner Blindheit blindlings in den Tower entwischte und unter dem Namen Jonathan Swift gehängt wurde. All das wird klarer, wenn wir uns vor Augen führen, dass George Eliot eine Frau war.

Wenn wir davon ausgehen, dann ist König Lear kein Drama von Shakespeare, sondern eine satirische Revue von Chaucer, ursprünglich betitelt: «Nowbody's Parfait», die einen Hinweis auf den Mann enthält, der Marlowe tötete, ein Mann, der zu Zeiten Elisabeths (Elisabeth Barret Browning) als Old Vic bekannt war. Old Vic wurde uns später bekannter als Victor Hugo, der den *Glöckner von Notre-Dame* schrieb, wovon die meisten Literaturwissenschaftler den Eindruck haben, es sei lediglich *Coriolan* mit ein paar augenfälligen Änderungen. (Sprechen Sie beide Titel schnell aus.)

Wir fragen uns also, ob nicht Lewis Carroll die ganze Situation karikierte, als er *Alice im Wunderland* schrieb. Der

Weiße Hase war Shakespeare, der Verrückte Hutmacher Marlowe und die Haselmaus Bacon – oder der Verrückte Hutmacher Bacon und der Weiße Hase Marlowe – oder Carroll, Bacon und die Haselmaus Marlowe – oder Alice war Shakespeare – oder Bacon – oder Carroll war der Verrückte Hutmacher. Wie schade, dass Carroll nicht heute lebt, um das zu klären. Oder Bacon. Oder Marlowe. Oder Shakespeare. Der springende Punkt ist, wenn Sie gerade umziehen sollten, melden Sie's Ihrem Postamt. Es sei denn, die Nachwelt ist Ihnen völlig schnuppe.

Die Metterling-Listen

Der Verlag Feil & Söhne hat endlich den lang erwarteten ersten Band der Wäschelisten Metterlings (*Die gesammelten Wäschelisten Hans Metterlings*, Band I, 437 Seiten, XXXII Seiten Einleitung, Register, DM 39,50) mit dem fundierten Kommentar des bekannten Metterling-Schülers Günther Eisenbud veröffentlicht. Die Entscheidung, dieses Werk getrennt und vor Abschluss des gewaltigen vierbändigen Œuvres herauszubringen, ist so erfreulich wie vernünftig, wird doch dieses eigensinnige und schillernde Buch im Nu die ekelhaften Gerüchte aus der Welt schaffen, Feil & Söhne wollten, nachdem sie mit den Romanen, dem Theaterstück und den Notizen, Tagebüchern und Briefen Metterlings guten Gewinn gemacht hätten, bloß versuchen, weiter Gold aus derselben Ader zu schlagen. Wie unrecht diese Intriganten hatten! Fürwahr, schon die erste Wäscheliste Metterlings

Liste Nr. 1

6 Unterhosen
4 Unterhemden
6 Paar blaue Socken
4 blaue Oberhemden
2 weiße Oberhemden
6 Taschentücher
Bitte nicht stärken!

macht uns auf vollkommene, geradezu totale Weise mit diesem geplagten Genie bekannt, das seinen Zeitgenossen als der «Irre von Prag» ein Begriff war. Die Liste wurde lose skizziert, als Metterling an den *Bekenntnissen eines monströsen Käses* schrieb, jenem Werk von überwältigender philosophischer Bedeutung, in dem er nicht nur nachwies, dass Kant sich über das Universum geirrt hatte, sondern dass er sich im Restaurant auch immer um die Rechnung drückte. Metterlings Abneigung gegen Wäschestärke ist typisch für die Zeit, und als das bewusste Paket zu sehr gestärkt zurückkam, wurde Metterling verdrießlich und schwermütig. Seine Wirtin, Frau Weiser, teilte Freunden mit, dass «Herr Metterling tagelang in seinem Zimmer bleibt und darüber weint, dass man seine Unterhosen gestärkt hat». Selbstverständlich hat bereits Breuer auf den Zusammenhang zwischen gestärkter Unterwäsche und Metterlings beständigem Gefühl, es werde von Menschen mit Doppelkinn über ihn getratscht, hingewiesen (*Metterling, die paranoid-depressive Psychose und die frühen Listen*; Zeiss Verlag). Das Thema nicht befolgter Anweisungen spielt auch in Metterlings einzigem Theaterstück, *Asthma*, eine Rolle, wenn Nadelmann den verdammten Tennisball aus Versehen nach Walhall bringt.

Das offenbare Rätsel der zweiten Liste

Liste Nr. 2

7 Unterhosen
5 Unterhemden
7 Paar schwarze Socken
6 blaue Oberhemden

6 Taschentücher
Bitte nicht stärken!

sind die sieben Paar schwarzer Socken, denn es war seit langem bekannt, dass Metterling von Blau zutiefst angetan war. Tatsächlich brachte ihn jahrelang die Erwähnung irgendeiner anderen Farbe in Wut, und einmal stippte er Rilke in den Honig, weil der Dichter geäußert hatte, er bevorzuge Frauen mit braunen Augen. Anna Freud zufolge («Metterlings Socken als Ausdruck der phallischen Mutter», *Psychoanalytische Rundschau*, Nov. 1935) hat sein plötzlicher Wechsel zu dunklerer Fußbekleidung mit seiner Niedergeschlagenheit über den so genannten «Bayreuther Vorfall» zu tun. Dort nämlich passierte ihm, dass er während des ersten Akts des *Tristan* niesen musste und einem der reichsten Gönner der Oper das Toupet vom Kopf pustete. Das Publikum war erschüttert, aber Wagner verteidigte ihn mit der mittlerweile klassischen Bemerkung: «Jeder muss mal niesen!» Darauf brach Cosima Wagner in Tränen aus und bezichtigte Metterling, das Werk ihres Gatten zu sabotieren. Dass Metterling auf Cosima Wagner ein Auge geworfen hatte, ist nicht zu bezweifeln, und wir wissen, dass er in Leipzig einmal ihre Hand ergriff und vier Jahre später, im Ruhrtal, noch einmal. In Danzig machte er während eines heftigen Platzregens eine indirekte Anspielung auf ihr Schienbein, und sie hielt es fürs Beste, ihn nicht wiederzusehen. Als Metterling im Zustand völliger Ermattung nach Hause kam, schrieb er *Nachtgedanken eines Hühnchens* und widmete Wagners das Originalmanuskript. Als sie es unter ein Bein ihres wackelnden Küchentisches schoben, war Metterling tief getroffen und stellte sich auf dunkle Socken um. Seine Wirtschafterin flehte ihn an, bei seinem geliebten Blau zu bleiben oder es wenigstens mit Braun zu versuchen, aber Metterling verfluchte sie mit den Worten: «Schlampe! Warum nicht karierte, wie?»

In der dritten Liste

Liste Nr. 3
6 Taschentücher
5 Unterhemden
8 Paar Socken
3 Bettlaken
2 Kopfkissenbezüge

wird zum ersten Mal Bettwäsche erwähnt. Metterling hatte für Bettwäsche eine besondere Vorliebe, speziell für Kissenbezüge, die er und seine Schwester sich als Kinder immer über den Kopf stülpten, wenn sie Gespenst spielten, bis er eines Tages in ein Felsloch fiel. Metterling schlief sehr gern in frischer Bettwäsche, und auch seine Romanfiguren tun das. Horst Wassermann, der impotente Schlosser in *Heringsfilet*, mordet dafür, dass seine Laken gewechselt werden, und Jenny in *Der Finger des Schäfers* ist bereit, mit Kleinmann ins Bett zu gehen (den sie hasst, weil er sich seine Fettfinger immer an ihrer Mutter abwischt), «wenn das bedeutet, zwischen weichen Laken zu liegen». Tragisch ist, dass die Wäscherei die Bettwäsche nie so wusch, dass Metterling damit zufrieden war, aber zu behaupten, wie es Pfaltz getan hat, dass der Ärger darüber ihn gehindert habe, *Wohin du auch gehst, Kretin* zu beenden, ist absurd. Metterling genoss den Luxus, seine Laken

zum Waschen wegzugeben, aber er war nicht darauf angewiesen.
Was Metterling hinderte, sein lange geplantes Lyrikbuch abzuschließen, war eine unglückliche Liebesgeschichte, die in der «Berühmten Vierten» sichtbar wird:

Liste Nr. 4

7 Unterhosen
6 Taschentücher
6 Unterhemden
7 Paar schwarze Socken
Bitte nicht stärken!
24-Stunden-Schnelldienst!

1884 begegnete Metterling Lou Andreas-Salomé, und sofort, so erfahren wir, verlangte er, dass seine Wäsche jeden Tag frisch gewaschen werde. In Wirklichkeit waren die beiden von Nietzsche miteinander bekannt gemacht worden, der Lou erklärte, Metterling sei entweder ein Genie oder ein Idiot, und sie solle mal sehen, ob sie nicht herausbekäme, was. Damals wurde der 24-Stunden-Schnelldienst in Europa, besonders bei den Intellektuellen, gerade ziemlich populär, und die Neuerung wurde von Metterling begrüßt. Vor allem war das pünktlich, und Metterling liebte Pünktlichkeit. Zu Verabredungen erschien er immer zeitig – manchmal mehrere Tage zu früh, sodass man ihn solange in einem Gästezimmer unterbringen musste. Auch Lou liebte die täglich frischen Wäschesendungen. In ihrer Freude darüber war sie wie ein Kind, und oft überredete sie Metterling dazu, mit ihr Spaziergänge in den Wald zu unternehmen und da das letzte Paket auszupacken. Sie liebte seine Unterhemden und Taschentücher, aber am meisten verehrte sie seine Unterhosen. Sie schrieb an Nietzsche, Metterlings Unterhosen seien das Erhabenste, was ihr je begegnet sei, einschließlich *Also sprach Zarathustra.* Nietzsche nahm das wie ein Gentleman, aber auf Metterlings Unterwäsche war er immer eifersüchtig, und engen Freunden erzählte er, dass er sie «extrem hegelianisch» finde. Lou Salomé und Metterling trennten sich nach der Großen Sirupnot von 1886, und während Metterling Lou vergab, sagte sie ihm stets nach, «sein Geist sei wie ein Spitalkorridor».

Die fünfte Liste

Liste Nr. 5
6 Unterhemden
6 Unterhosen
6 Taschentücher

hat den Forschern seit je zu denken gegeben, besonders wegen des völligen Fehlens von Socken. (Und wirklich wurde Thomas Mann Jahre später von dem Problem so in Anspruch genommen, dass er ein ganzes Theaterstück darüber verfasste, *Die Strümpfe Moses*, das er aus Versehen in einen Gully fallen ließ.) Warum strich dieser Literaturgigant plötzlich die Socken von seiner wöchentlichen Wäscheliste? Nicht, wie einige Gelehrte meinen, als Ausdruck seines nahenden Wahnsinns, obwohl Metterling inzwischen gewisse wunderliche Verhaltensweisen angenommen hatte. Vor allem glaubte er, er werde entweder verfolgt oder verfolge selber jemanden. Er erzählte engen Freun-

den von einer Verschwörung der Regierung mit dem Ziel, ihm sein Kinn zu stehlen, und einmal, in den Ferien in Jena, konnte er vier Tage hintereinander nichts als das Wort «Eierpflanze» sagen. Noch traten diese Anfälle nur vereinzelt auf und erklären nicht die fehlenden Socken. Noch tut dies der Umstand, dass Kafka sein Vorbild war, der für kurze Zeit seines Lebens aufgehört hatte, Socken zu tragen, und zwar aus Schuldbewusstsein. Aber Eisenbud versichert uns, dass Metterling weiterhin Socken trug. Er hörte nur auf, sie in die Wäscherei zu geben! Und warum das? Weil er in dieser Phase seines Lebens eine neue Haushälterin bekam, Frau Milner, die ihm versprach, seine Socken mit der Hand zu waschen – eine Geste, die Metterling so rührte, dass er der Frau sein ganzes Vermögen hinterließ, das aus einem schwarzen Hut und etwas Tabak bestand. Sie erscheint auch als Hilda in seiner komischen Allegorie *Mutter Brandts Eiter.*
Allem Anschein nach begann Metterlings Persönlichkeit um 1894 zu zerfallen, falls wir aus der sechsten Liste irgendetwas schließen dürfen:

Liste Nr. 6

25 Taschentücher
1 Unterhemd
5 Unterhosen
1 Socke

und man ist nicht überrascht, wenn man erfährt, dass das genau die Zeit war, als er mit der Behandlung bei Freud begann. Er hatte Freud Jahre zuvor in Wien getroffen, als sie beide einer Inszenierung des *Oedipus* beiwohnten, aus der

Freud in kalten Schweiß gebadet herausgetragen werden musste. Ihre Sitzungen verliefen stürmisch, wenn wir Freuds Aufzeichnungen glauben dürfen, und Metterling war oft aggressiv. Einmal drohte er, er werde Freud den Bart stärken, und oft sagte er, er erinnere ihn an seinen Wäschemann. Nach und nach kam Metterlings ungewöhnliches Verhältnis zu seinem Vater zutage. (Metterling-Forschern ist sein Vater bereits vertraut, ein kleiner Beamter, der Metterling öfters dadurch lächerlich machte, dass er ihn mit einem Würstchen verglich.) Freud schreibt von einem Schlüsseltraum, den Metterling ihm schilderte:

Ich bin mit ein paar Freunden auf einer Abendgesellschaft, als plötzlich ein Mann mit einer Suppenterrine an einer Hundeleine hereinkommt. Er beschuldigt meine Unterwäsche des Landesverrats, und als mich eine Dame verteidigt, fällt ihr die Stirn ab. Im Traum finde ich das amüsant und lache. Bald lacht jeder, nur mein Wäschemann nicht, der ernst aussieht und dasitzt und sich Grießbrei in die Ohren stopft. Mein Vater kommt herein, grapscht nach der Stirn der Dame und läuft damit weg. Er rennt auf einen Platz und schreit: «Endlich! Endlich! Eine eigene Stirn! Jetzt brauch ich mich nicht mehr auf meinen dämlichen Sohn zu verlassen!» Das macht mich im Traum ganz traurig, und ich werde von dem Drang erfasst, die Wäsche des Bürgermeisters zu küssen. (Hier bricht der Patient in Tränen aus und vergisst den Rest des Traums.)

Mit den Erkenntnissen, die er aus diesem Traum gewann, war Freud in der Lage, Metterling zu helfen, und die beiden wurden außerhalb der Behandlung recht gute Freunde, wenn Freud auch nie zuließ, dass Metterling hinter ihm stand.

In Band II, so ist zu hören, wird Eisenbud sich den Listen 7 bis 25 zuwenden, die die Jahre der «Geheimwäsche» Metterlings sowie das ergreifende Missverständnis mit dem Chinesen an der Ecke umfassen.

Der zum Tode Verurteilte

Brisseau lag schlafend im Mondlicht. Wie er so auf dem Rücken im Bett lag (sein fetter Bauch ragte in die Luft, und sein Mund war zu einem albernen Lächeln verzogen), wirkte er eher wie ein unbeseelter Gegenstand, wie ein großer Fußball oder zwei Opernbilletts. Als er sich einen Augenblick später umdrehte und ihn das Mondlicht aus einem anderen Winkel zu treffen schien, sah er genau wie ein siebenundzwanzigteiliges silbernes Aussteuerservice aus, komplett mit Salatschüssel und Suppenterrine.

Er träumt, dachte Cloquet, als er, einen Revolver in der Hand, sich über ihn beugte. *Er* träumt, und *ich* existiere wirklich. Cloquet hasste die Wirklichkeit, war sich aber klar darüber, dass sie noch immer der einzige Ort war, wo man ein anständiges Steak bekam. Er hatte noch nie einem Menschen das Leben geraubt. Sicher, er hatte einmal einen verrückten Hund erschossen, aber erst, als er von einem Psychiaterteam für verrückt erklärt worden war. (Sie stellten fest, der Hund sei manisch-depressiv, denn er hatte versucht, Cloquet die Nase abzubeißen, und sich dann nicht mehr das Lachen verkneifen können.)

In seinem Traum war Brisseau an einem sonnenbeschienenen Strand und lief freudig seiner Mutter in die ausgestreckten Arme, aber als er die weinende, grauhaarige Frau gerade umarmen wollte, verwandelte sie sich in zwei Kugeln Vanilleeis. Brisseau stöhnte, und Cloquet ließ den Revolver sinken. Er war durch das Fenster hereingekommen und hatte länger als zwei Stunden reglos über Brisseau gebeugt dagestanden, unfähig abzudrücken. Einmal hatte er sogar den Hahn gespannt und die Pistolenmündung Brisseau genau ins linke Ohr gehalten. Dann gab es an der Tür ein Geräusch, und Cloquet sprang hinter die Kommode und ließ die Pistole in Brisseaus Ohr stecken.

Madame Brisseau trat in einem geblümten Bademantel ins Zimmer, schaltete eine Lampe an und bemerkte die Waffe, die ihrem Gatten einfach so seitlich aus dem Kopf ragte. Sie seufzte beinahe mütterlich, zog sie heraus und legte sie neben das Kopfkissen. Sie stopfte einen Zipfel der Bettdecke fest, knipste das Licht aus und ging hinaus.

Cloquet, der ohnmächtig geworden war, erwachte eine Stunde später. Einen fürchterlichen Augenblick lang bildete er sich ein, er sei wieder ein Kind und daheim an der Riviera, aber als eine Viertelstunde vergangen war und er keine Touristen sah, fiel ihm ein, dass er immer noch hinter Brisseaus Kommode saß. Er ging zum Bett zurück, griff zur Pistole und richtete sie wieder auf den Kopf Brisseaus, aber nach wie vor war er außerstande, den Schuss abzugeben, der das Leben des berüchtigten faschistischen Denunzianten beendet haben würde.

Gaston Brisseau entstammte einer wohlhabenden, rechtsgerichteten Familie und beschloss schon früh in seinem Leben, Berufsdenunziant zu werden. Als junger Mann nahm er Sprachunterricht, um noch deutlicher denunzieren zu können. Einmal hatte er Cloquet gestanden: «Mein Gott, ich genieße es, über Leute zu tratschen.»

«Und wieso?», fragte Cloquet.

«Ich weiß nicht. Damit sie sich in die Haare geraten, sich verpetzen.»

Brisseau verpfeift seine Freunde aus bloßem Spaß an der Sache, dachte Cloquet. Ein nicht wieder gutzumachender Frevel! Cloquet hatte einmal einen Algerier gekannt, dem es Freude machte, Leuten einen Klaps auf den Hinterkopf zu geben und dann zu lächeln und es abzustreiten. Es schien, als sei die Welt in gute und böse Menschen aufgeteilt. Die Guten schliefen besser, dachte Cloquet, und die Bösen hatten offenbar viel mehr Freude an den Stunden, die sie wachten.

Cloquet und Brisseau waren sich vor Jahren unter dramatischen Umständen begegnet. Brisseau hatte sich eines Abends im «Deux Magots» betrunken und war in Richtung Fluss getorkelt. In der Annahme, er sei schon zu Hause in seiner Wohnung, legte er die Kleider ab, aber statt ins Bett zu steigen, stieg er in die Seine. Als er versuchte, sich die Decken über den Kopf zu ziehen, und dabei etwas Wasser abkriegte, fing er an zu schreien. Cloquet, der zufällig gerade in dem Moment seinem Toupet über den Pont Neuf nachjagte, hörte einen Schrei aus dem eisigen Wasser. Die Nacht war windig und dunkel, und Cloquet hatte in Sekundenschnelle zu entscheiden, ob er sein Leben aufs Spiel setzen wolle, um einen Unbekannten zu retten. Weil er keine Lust hatte, eine so folgenschwere Entscheidung auf nüchternen Magen zu treffen, ging er in ein Restaurant essen. Von Gewissensbissen geplagt, erstand er dann diverses Angelzeug und ging zurück, um Brisseau aus dem Fluss zu fischen. Zunächst probierte er es mit einer künstlichen Fliege, aber Brisseau war zu schlau, um anzubeißen, und schließlich sah sich Cloquet gezwungen, Brisseau mit einer Offerte kostenloser Tanzstunden ans Ufer zu locken und mit einem Netz an Land zu ziehen. Während Brisseau

noch gemessen und gewogen wurde, wurden die beiden Freunde.
Cloquet trat nun näher an die schlafende, massige Gestalt Brisseaus und hob wieder die Pistole. Ein Schwindelgefühl überkam ihn, als er den tieferen Sinn seiner Tat überdachte. Es war ein existenzielles Schwindelgefühl, das durch die unabweisbare Einsicht in die Ungewissheit des Lebens hervorgerufen wurde und nicht mit einem gewöhnlichen Alka-Seltzer zu beheben war. Was hier vonnöten war, das war ein existenzielles Alka-Seltzer – ein Präparat, das in vielen Drogerien auf dem linken Seineufer verkauft wurde. Es war eine riesige Pille von der Größe einer Autoradkappe, die, in Wasser aufgelöst, das ekelerregende, von zu viel Einsicht ins Leben ausgelöste Gefühl beseitigte. Cloquet hatte sie auch nach dem Genuss mexikanischen Essens ganz hilfreich gefunden.
Wenn ich beschließe, Brisseau zu töten, überlegte Cloquet jetzt, dann mache ich mich zum Mörder. Ich werde zu Cloquet, der tötet, statt einfach zu bleiben, was ich bin: Cloquet, der an der Sorbonne Hühnerpsychologie lehrt. Indem ich die Tat auf mich nehme, nehme ich sie für die ganze Menschheit auf mich. Was aber, wenn sich jeder auf der Welt so benähme wie ich und hierher kommt und Brisseau ins Ohr schießt? Das wär ein Durcheinander! Ganz zu schweigen vom Lärm der Türklingel, die die ganze Nacht schellt. Und natürlich brauchten wir einen bewachten Parkplatz. Du lieber Gott, wie unschlüssig der Geist ist, wenn er sich moralischen oder ethischen Überlegungen zuwendet! Besser nicht viel denken! Sich mehr auf den Körper verlassen – der Körper ist verlässlicher. Er erscheint zu Verabredungen, sieht in einem Sportsakko gut aus, und wo

er wirklich fabelhaft zu gebrauchen ist, das ist, wenn man eine Massage möchte.
Cloquet fühlte plötzlich das Bedürfnis, sich seiner eigenen Existenz zu versichern, und sah in den Spiegel über Brisseaus Kommode. (Er konnte nie an einem Spiegel vorübergehen, ohne einen schnellen Blick hineinzuwerfen, und einmal hatte er in einem Saunaklub so lange auf sein Spiegelbild im Swimmingpool gestarrt, dass die Direktion sich genötigt sah, das Wasser abzulassen.) Es hatte keinen Sinn. Er konnte keinen Menschen erschießen. Er ließ die Pistole fallen und floh.
Auf der Straße beschloss er, auf einen Brandy ins «La Coupole» zu gehen. Er mochte das «La Coupole», weil es immer hell und voller Menschen war und er normalerweise einen Tisch bekam – ganz im Gegensatz zu seiner Wohnung, wo es dunkel und trübselig war und seine Mutter, die auch dort wohnte, sich beharrlich weigerte, ihm einen Platz anzubieten. Aber an dem Abend war das «La Coupole» brechend voll. Wer sind alle diese Gesichter, fragte sich Cloquet. Sie scheinen zu etwas Abstraktem zu verschwimmen: «die Leute». Aber es gibt keine Leute, dachte er – nur Individuen. Cloquet hatte das Gefühl, das sei eine brillante Erkenntnis, eine, die er eindrucksvoll auf irgendeiner schicken Dinnerparty loswerden könne. Wegen Äußerungen wie dieser war er seit 1931 zu keiner Geselligkeit mehr eingeladen worden.
Er beschloss, zu Juliet zu gehen.
«Hast du ihn getötet?», fragte sie, als er ihre Wohnung betrat.
«Ja», sagte Cloquet.
«Bist du sicher, dass er tot ist?»

«Er schien tot zu sein. Ich brachte meine Maurice-Chevalier-Nummer, die normalerweise großartig ankommt. Diesmal Fehlanzeige.»

«Gut. Dann wird er die Partei nie wieder hintergehen.»

Juliet gehörte zu den Marxisten, das rief Cloquet sich wieder in Erinnerung, obendrein zu den allerinteressantesten Marxisten – denen mit langen, sonnengebräunten Beinen. Sie war eine der wenigen Frauen, die er kannte, die zwei verschiedene Gedanken gleichzeitig im Kopf behalten konnten, zum Beispiel Hegels Dialektik und warum ein Mann, wenn man ihm die Zunge ins Ohr steckt, während er eine Rede hält, sofort wie Jerry Lewis klingt. Sie stand jetzt vor ihm in engem Rock und Bluse, und er wünschte sich, sie zu besitzen – sie so zu besitzen, wie er alle anderen Dinge besaß, sein Radio zum Beispiel oder die Schweinemaske aus Gummi, die er während der Okkupation getragen hatte, um die Nazis zu ärgern.

Plötzlich wälzten er und Juliet sich im Liebesspiel – oder war es bloß ein Sexspiel? Er wusste, es gab einen Unterschied zwischen Sex und Liebe, aber er war der Meinung, beides sei wundervoll, solange nicht einer der Partner zufällig ein Hummerlätzchen umhatte. Frauen, überlegte er, sind etwas Weiches, das einen umhüllt. Das Dasein ist auch was Weiches, das einen umhüllt. Irgendwann wickelte es einen total ein. Dann kam man nicht wieder raus, es sei denn zu irgendwas wirklich Wichtigem, wie Mutters Geburtstag oder einer Geschworenensitzung. Cloquet dachte oft, es bestehe ein großer Unterschied zwischen dem Sein und dem In-der-Welt-Sein, und er meinte, egal, zu welcher Gruppe er gehöre, die andere amüsiere sich zweifellos besser.

Nach seinem Liebesdienst schlief er wie üblich gut, aber am nächsten Morgen wurde er zu seiner großen Überraschung wegen Mordes an Gaston Brisseau verhaftet.

Im Polizeipräsidium beteuerte Cloquet seine Unschuld, man eröffnete ihm jedoch, man habe seine Fingerabdrücke überall in Brisseaus Zimmer und auf der dort sichergestellten Pistole entdeckt. Als Cloquet in Brisseaus Haus eingebrochen war, hatte er außerdem den Fehler begangen, sich ins Gästebuch einzutragen. Es war hoffnungslos. Der Fall war von vornherein klar.

Der Prozess, der die ganze folgende Woche über stattfand, glich einem Zirkus, obwohl es einige Schwierigkeiten bereitete, die Elefanten in den Gerichtssaal zu bekommen. Schließlich erklärten die Geschworenen Cloquet für schuldig, und er wurde zum Tod auf der Guillotine verurteilt. Ein Gnadengesuch wurde wegen eines Formfehlers abgelehnt, als herauskam, dass Cloquets Anwalt es eingereicht hatte, als er einen Pappschnurrbart trug.

Sechs Wochen später, am Vorabend seiner Hinrichtung, saß Cloquet allein in seiner Zelle, noch immer außerstande, den Ereignissen der vergangenen Monate Glauben zu schenken – besonders der Sache mit den Elefanten im Gerichtssaal. Am nächsten Tag um diese Zeit würde er tot sein. Cloquet hatte an den Tod immer als etwas gedacht, das anderen Leuten widerfuhr. «Ich stelle fest, dicken Menschen geschieht es oft», sagte er zu seinem Anwalt. Cloquet selbst schien der Tod nur eine weitere abstrakte Vorstellung zu sein. Menschen sterben, dachte er, aber stirbt auch Cloquet? Diese Frage gab ihm zu denken, aber ein paar simple Strichzeichnungen auf einem Schreibblock, die einer der

Wärter angefertigt hatte, machten die Sache ganz klar. Es gab keinen Ausweg. Bald würde er nicht mehr existieren.
Ich werde nicht mehr da sein, dachte er wehmütig, aber Madame Plotnick, die im Gesicht wie irgendwas auf der Speisekarte eines Fischrestaurants aussieht, wird es noch geben. Cloquet geriet langsam in Panik. Er wäre am liebsten weggelaufen und hätte sich versteckt oder, besser noch, wäre etwas Festes und Dauerhaftes geworden – ein solider Sessel zum Beispiel. Ein Sessel hat keine Probleme, dachte er. Er ist da, niemand geht ihm auf die Nerven. Er muss keine Miete zahlen oder sich politisch engagieren. Ein Sessel kann sich niemals den Zeh stoßen oder seine Ohrenschützer verkehrt aufsetzen. Er braucht nicht zu lächeln oder sich die Haare schneiden zu lassen, und man braucht sich keine Sorgen zu machen, dass er plötzlich zu husten anfängt oder eine Szene macht, wenn man ihn zu einer Party mitnimmt. Die Leute sitzen halt in einem Sessel, und wenn diese Leute sterben, dann sitzen andere darin. Seine Logik tröstete Cloquet, und als die Gefängniswärter im Morgengrauen kamen, um ihm den Nacken zu rasieren, tat er so, als sei er ein Sessel. Als sie ihn fragten, was er als Henkersmahl wolle, sagte er: «Ihr fragt ein Möbelstück, was es essen will? Warum polstert man mich nicht einfach auf?» Als sie ihn anstarrten, gab er nach und sagte: «Bloß etwas russische Tunke.»

Cloquet war immer Atheist gewesen, aber als der Priester, Pater Bernard, zu ihm kam, fragte er, ob er noch Zeit habe, zu konvertieren.

Pater Bernard schüttelte den Kopf. «Zu dieser Jahreszeit, glaube ich, sind die meisten besseren Religionen ausgebucht», sagte er. «Das Beste, was ich in so kurzer Zeit eventuell machen könnte, wäre vielleicht anzurufen und Sie in was Hinduistischem unterzubringen. Dazu brauche ich allerdings ein Passfoto.»

Zwecklos, überlegte Cloquet. Ich werde meinem Schicksal allein gegenübertreten müssen. Es gibt keinen Gott. Es gibt keinen Sinn im Leben. Nichts hat Dauer. Selbst die Werke des großen Shakespeare werden vergehen, wenn das Weltall ausglüht – kein so schrecklicher Gedanke natürlich, wenn man an ein Stück wie *Titus Andronicus* denkt, aber wie steht es mit den anderen? Kein Wunder, dass sich verschiedene Leute umbringen! Warum diese Absurdität nicht beenden? Warum in diesem sinnlosen Maskentreiben namens Leben fortfahren? Warum, es sei denn, irgendwo in uns sagt eine Stimme: «Lebe!» Immer hören wir von irgendwoher aus unserem Inneren den Befehl: «Lebe weiter!» Cloquet erkannte die Stimme: Es war sein Versicherungsvertreter. Natürlich, dachte er – Fischbein will bloß nicht auszahlen.

Cloquet sehnte sich, frei zu sein – aus dem Gefängnis entlassen zu sein und über eine weite Wiese zu hüpfen. (Cloquet hüpfte immer, wenn er glücklich war. Ja, diese Angewohnheit hatte ihn vor dem Militärdienst bewahrt.) Der Gedanke an die Freiheit ließ ihn sich zugleich heiter und ängstlich fühlen. Wenn ich wirklich frei wäre, dachte er, könnte ich meine Möglichkeiten restlos ausleben. Ich könnte vielleicht Bauchredner werden, wie ich es mir immer gewünscht habe. Oder in Reizwäsche und mit falscher Nase und Brille im Louvre aufkreuzen.

Ihm wurde ganz schummerig, als er seine Möglichkeiten überdachte, und er war dabei, in Ohnmacht zu fallen, als ein Wärter seine Zellentür öffnete und ihm sagte, der wahre Mörder Brisseaus habe soeben gestanden. Cloquet sei frei und könne gehen. Cloquet fiel auf seine Knie und küsste den Zellenfußboden. Er sang die Marseillaise. Er weinte! Er tanzte! Drei Tage später war er wieder im Gefängnis: Er war in Reizwäsche und mit falscher Nase und Brille im Louvre aufgekreuzt.